現代人のための

読書入門

本を読むとはどういうことか

印南敦史

光文社新書

はじめに

本書を手に取っていただき、ありがとうございます。私はウェブサイトや雑誌などに寄稿したり、自分で本を書いたりしている人間です。文章を書いて原稿料をいただくようになってから30年以上経ちますが、ここ十数年は書評を中心とした仕事をしています。その時点でできることを地道に続けてきただけなのですが、いまでは書評家と認知されることが圧倒的に多くなっています。つまり、本や読書について書く機会がとても多いのです（そもそも締め切りは毎日あります）。簡単にいえば、「読んで、書いて、読んで、書いて」というサイクルをずっと続けているわけです。

２０１６年に、『遅読家のための読書術』（ダイヤモンド社、現・ＰＨＰ文庫）という本を出したことがあります。タイトルからもわかるように「読めずに困っている」方に向けて書いたものですが、発売当時、とても印象的な出来事がありました。

発売に際して、あるメディアからインタビューしていただいたときのこと。インタビュアーの方が開口一番、こう口にされたのです。

「いま、大学生の○%が本を読んでいないというデータがあります。そのことについてどう思われますか?」

いきなりそこかよ?

ことばは乱暴ですけれど、思わずそう感じてしまったことは否定できません。なんだか、がっかりしてしまったのです。

たしかに、大学生に限らず、本を読む人が減っていることは事実です。その証拠に、あらためて指摘されるまでもなく、〝本が売れない〟とか〝読書人口の減少〟といった文言はいやでも目に飛び込んできます。ただ、たしかにそうかもしれないけれども、本当に本や読書について考えたいのであれば、注目すべき点はそこではないと思うのです。

だから、こう答えました。

「たしかに読書人口は減っているのでしょうし、おっしゃるとおり、それはさまざまなデータにも反映されています。しかしその一方、書店に足を運んでみれば、本を探す多くの人の姿を見ることができます。ブックオフなどの新古書店でも同じですし、図書館にだって人がいます。読書人口が減ったと必要以上に騒ぐのではなく、むしろ、そういう人たちの存在に注目することこそが大切なのではないでしょうか。つまり、減ったかもしれないけれど本を読む人は〝いる〟という事実に目を向けるべきだと思うのです」

要するに、「読まない人が増えたー、大変だー」と騒げばなにかが変わるのかということです。もし変わるのであれば私は率先して先頭に立ちますが、そんなことがあるはずもありません。そうではなく、「書店にも図書館にも人はいる」ことに注目し、それを評価し、そういう人をいかに増やすかについて、もっと前向きに考えることのほうがよっぽど大切ではないかと思うのです。解決策はなかなか出せないかもしれないけれど、ネガティブに考えるよりはそのほうが楽しいいし。

もうひとつ。「最近の人は本を読まない」というような発言は、それが事実である一方、もうひとつの事実を覆い隠し、歪《ゆが》めてしまう可能性をはらんでいます。つまり否定的な論調は、「程度の差こそあれ、誰でも過去に読書体験はあり、無意識のうちにそこからなにかを学んでいた」という事実を覆い隠してしまうということです。しかし、（極論だと思われるかもしれませんが）本を読む人が減ったといわれるいまこそ、そういった過去の境地に立ち戻るべきだと私は思います。具体的には、小学校低学年から思春期あたりまでの記憶を蘇らせてみることに大きな意味があると考えているのです。

大人になるにしたがって知識が蓄えられていくと、人は原体験を忘れてしまいがちです。でも気持ちをフラットにして記憶を少しずつたぐり寄せていけば、多かれ少なかれ、本を前にしてワクワクした記憶が蘇ってくるのではないでしょうか。

たとえば、初めて足を踏み入れた図書館の静謐《せいひつ》な空気とか、誕生日に買ってもらった岩波書店の児童書を手にとって、「この本は大切にしよう」と思った記憶とか、ページを開いた瞬間にふわっと感じる紙やインクの匂いとか。

当時、そうした体験は多少なりとも、読書に対する欲求を刺激してくれたはずです。しかも純粋な子どもだったから、余計な理屈をこねようともしなかったでしょう。だから自然と、そこに書かれている世界に入り込むことができたのです。そして知らず知らずのうちに、それらが記憶として蓄積されていったわけです。

ところが大人になると、どういうわけか本が読めなくなってしまいます。先に触れた『遅読家のための読書術』も、「昔は読書家だったのに、社会に出てから本を読まなくなっちゃって」「ああ、そういうところはあるよね」という、編集者との会話のなかから生まれたものです。編集者ですらそうなのですから、本にあまり縁のない人が読めなくなったとしても当然でしょう。事実、「私もそうでした」というような共感の声がたくさん届きました。自分の著作が優れているといいたいわけではなく、読めずに悩んでいる人はそれほど多いということです。だから、「読書術」のたぐいの本が次々と発売されていくのです。

もちろん本書も、そういう方々を対象にしたものです。しかし、だからといって現状をただ憂《うれ》いたり、効率化を重視した〝速読〟を勧めたり(後述しますが、むしろ私はアンチ速読派です)、あっという間に本が読めるようになる魔法のような読書術を公開したりしたいわけではありません。最終目的は〝ふたたび読めるようになること〟です。だからこそ初心に立ち戻り、そこからリスタートすることを提案したいのです。そのため、本書を読み進める過程においては、当たり前のことをあえて問いなおすことになるかもしれません。しかし、いまこそそうするべきだと強く感じます。

なぜなら本来、読書とは楽しいものだから。

もちろん、仕事のために読まなければならないという状況に直面することもあるでしょう。そんなとき、読むことが面倒な行為になってしまう可能性は高いかもしれません。

でも、あえて前向きな気持ちで読んでみたらどうなるでしょう。面倒だなと思いながら読むのであれば、誰だってその時間を楽しむことはできません。しかし、どのみち読まなければならないのなら、「これは自分の好みではなく、仕事のために読む本だから」というような思いは横に置いておき、あえて視点を変えてみるべきなのです。「もしかしたら、つまらないと決めつけているだけで、おもしろい部分もあるかもしれない」「自分とは違った考え方と出会えるかもしれない」というように。逆に、「読んでみたら期待したほどではなかった」というケースもあるでしょうが、少なくとも失望しながら読むよりは健康的ですし、読んでみれば無意識のうちに、必要な部分は自分の内部に蓄積されていくものです。だから有意義なのです。私が思うに、それが読書です。

とりあえず、「読書はつまらない」「本を読む時間なんてない」などの思い込みを捨て去るところからスタートしてみましょう。そして足元の先にあるものをつま先でひとつずつ確認して進んでいくようなペースで、あらためて本と向き合ってみましょう。また前述したように、子どものころの読書体験を記憶の隅のほうから引き出してみましょう。そうやって進んでいけば、きっと本はまた身近なものになってくれるはずです。

なお本書は、あくまで「紙の本」に特化した内容となっています。もちろん考え方や価値観は多種多様ですし、電子書籍を否定したいわけではありません。しかし、少なくとも私は紙の本に愛着があり、今後もそこから離れないだろうという確信があるのです。その点はご理解いただければと思います。

現代人のための 読書入門

目次

第2章 読書の原点

第３章

第4章

ふたたび、本を読むということ

第1章

本を読むとはどういうことか

本を読むとはどういうことか

読書について、そして「なぜ読めないか」という問題について考えるにあたり、まずは私が日々感じていることに焦点を当ててみたいと思います。個人的な思いでしかないのですが、とはいえ、そこには読書にまつわる諸問題の本質が絡んでいるように感じるからです。

それは、「本を読むということを大げさに、そして必要以上に深刻に考えている人が多すぎるのではないか」ということ。

「なんだ、そんなことか」と思われるでしょうか。しかし実のところ、そういう方は多いはずです。そして、それはなかなか厄介な問題でもあるのです。

単純化すれば、読書とは本を読むことです。当たり前ですよね。そして多くの場合、少なくともその本が読む人にとって有効なものであった場合は、なんらかの〝思い〟が心のなかに残るものでもあります。主体的に本を読んだ結果として、なにかを得ることになる（場合もある）ということです。

さて、いま「場合もある」を括弧でくくったことには理由があります。なにかを得られる場合はあるし、それこそ読書の醍醐味でもあるけれども、なにも得られずに終わる場合もあるからです。

自分の考え方にフィットしていたり、自分の考えをさらに深めてくれたりしたのであれば、その本はなにかを与えてくれる一冊になる可能性があります。しかし、著者の考え方や主張に共感できなかったり、期待していたほどの知見を得ることができなかった場合は「なにも得られなかった」ということになるでしょう。読む以上はなにかが得られることに期待するのは当然ですが、必ずしも期待していたようにことが運ぶとは限らないわけです。

「そんなことをいわれたんじゃ、元も子もない……」と思われるかもしれませんけれど、それは事実です。

ただし、そうであったとしても、その読書が失敗だったというわけではありません。ここが重要なポイントです。予想外のなにかを知る可能性は、まだ残されているからです。たとえば、「期待していたことはクリアにならなかったけれど、その代わり、考えたこともなかったような発想があることを知った」ということだってあるでしょう。読書をする際には自分の視野に入ってくるものだけに期待してしまいがちですが、得られるものは必ずしもひとつだけではありません。予想外の知見と出会えるかもしれないし、なにも得ることができないというケースだってあるかもしれない。いずれにしても、それらすべてが読書という行為なのです。

同じことを人間関係にあてはめてみればわかりやすいかもしれません。新たな知り合いができたとき、その相手に対して魅力を感じたり、なにかを期待したりすることはあるものです。「この人、すごくいい人そうだから友だちになりたい。もっと知りたい」とか、「この人は物知りだから、つきあえばいろいろなことを教えてもらえるかもしれない」とか。

しかし当然のことながら、それらはあくまでこちらの勝手な期待と想像にすぎません。「実際につきあってみたら、意外とつきあいにくかった」ということもあるでしょうし、「物知りだけど頑固だから、知りたいことを教えてくれない」というケースだって考えられます。それでもつきあいを続けたいならつきあえばいいし、無理だと感じたなら縁がなかっただけの話です。それはつきあってみなければわからないことですが、読書にも同じようなことがいえます。要するに、「読んでみなけりゃわからない」ということです。そして、もしも「一生懸命読んでみたけれど、どうにも読み進められない」という場合は、その本との相性がよくないだけのこと。相性のよしあしは、人間関係だけではなく、本にもあてはまるものなのです。

だいいち、期待していたほど収穫がなかったとしても、「意外と、得るものはなかった」

という感想は得ているはずです。とんちでも屁理屈でもなく、それは意外と大切なことです。なぜならそうした思いもまた、その読書から得たものなのですから。もちろんその思いがすぐになにかに役立つとは限りませんが、直接的であれ間接的であれ、いつかなんらかの形で、将来の読書に影響を与えていく可能性はあると思います。

そういう意味で、読書はその一冊で完結するのではなく、未来へと続いていく〝線〟のような行為だといえるでしょう。そう、「いま」の読書は「いま」で終わるわけではなく、読み続ける以上は「その先」へと続いていき、それが自身にとっての未来を形成するのです。

わかりやすい「収穫」に期待するべからず

昨今は、ベネフィット（利便性や満足感）が求められすぎる傾向にあると感じます。いまさら強調するまでもないことですが、現代社会においてはさまざまな情報が錯綜しています。スマホを撫《な》でればいろいろな情報を見つけることができますし、それらを目にすることによって、「いいことを知った」と思える瞬間も少なくないでしょう。

その結果、どういうことになったか？

いうまでもありません。「手軽に必要な情報が入手できること」がメディアを利用する際のひとつの（そして大きな）基準となり、逆にいえば、その時点で「不要」な情報は必要のないものとして排除されるようになってしまったのです。そうなってくると必然的に、読書はどんどん「不要」の領域に近づいていくことになります。スマホを使えば即時に（とりあえず）必要な情報へたどりつけますが、本を読むには時間がかかります。しかも、読めば必ず、その時点で求めている情報や知見が得られるとは限りません。

たとえば理不尽な思いをして怒りが収まらないとき、握りしめていたスマホで「怒り　抑える　方法」と検索すれば、「怒りを抑える方法４つ」（←よくあるこういった見出しの表現が、個人的にはとても苦手）といった情報をすぐに入手することができます。

しかし、たとえば怒りを抑えるための方法などが書かれた「アンガーマネジメント」に関する書籍を読むにはそれなりの時間が必要ですし、もしかしたら読み終えたときには怒りが収まってしまっているかもしれません。だとすれば「読んでも意味がなかった」と感じたとしても不思議ではありませんが、きっと意味はあります。直近の「理不尽な思いをして怒りが収まらなかったとき」には間に合わなかったかもしれないけれども、次に怒りを感じることが起きたとき、その本で読んだアンガーマネジメントの知見を生かすことができる可能性があるからです。このように、本から吸収し、記憶として蓄積されたことは、どこかで意外と役に立つものです。

本を読むには相応の時間がかかりますし、必ずしも「いまここ」で助けになってくれるとは限りません。けれども時間が流れている以上、「いつか」役立つ可能性は間違いなくあるということです。そういう意味では、わかりやすい「即時的な収穫」に期待しすぎるのはよくないといえるでしょう。

もちろん、〝すぐに使える情報〟のたぐいを否定しているわけではありません。そうしたものが役立つ機会もたくさんありますし、個人的にもその効能を日常的に感じてもいます。しかし、そこだけに依存するのではなく、「いつか役立つ知見」を蓄えておくことも同じように大切だということです。そう考えてみれば、「即効性のない読書は無意味」という考え方が正しくないことはおわかりいただけるのではないかと思います。わかりやすさとか即効性だけに意味があるわけではないのです。

検索して出てきた情報によって、無理やり怒りを抑えることができた夜、たまたま読んでみた誰かのエッセイのなかに、理不尽な思いを克服した体験談を見つけたとしましょう。そして、それを読んだ結果、「この考え方は、次の機会に生かしてみよう」と思えたとしたら、検索情報よりも深いなにかを得ることができたとも考えられるのではないでしょうか。

「浪費の読書」は無駄ではない

ただただ、「面白いから」という読書がある。わたしの場合は、暇があればＴＶの他に、「消費」というか、むしろ「浪費」とでもいうべき読書をしている。読書の醍醐味は「浪費」にある、というのがわたしの一念であるといっていい。

哲学者の鷲田小彌太氏は『読書原論』（言視舎）にこう記していますが、私もまさに同感です。もちろん「浪費」としての読書は、ベネフィットに期待する読書とは対照的です。つまり、〝わかりやすいなにか〟が得られるとは限らないわけですから、「浪費するなんて無駄じゃん？」と思われるかもしれません。

しかし、ここでいう「浪費」は「無駄遣い」とは本質的に異なるものです。日常の習慣として読書という浪費を続けていけば、知らず知らずのうちに〝なんらかの本質〟が自身の内部へと染み込んでいくものだからです。すなわち、それが読書の本質であり、だからこそ

「浪費」でも一向にかまわないわけです。それどころか、浪費であるという思いが読書へのハードルを下げるのであればそれはむしろ効果的であるはずです。

なお鷲田氏は同書のなかで、「読書のための読書」という概念を提唱しています。

「読書のための読書」とは、人間を大きくする読書のことで、「教養」＝「人間を耕す＝成長させる」読書のことだ。それも、人類のため、国のため、社会のため、会社のため、家族のため、等ではなく、「自分」のための読書である。（中略）「読書のための読書」とは、自己愛の表出である。「自分が楽しむ」である。

仕事のために必要な本を読むのも、仕事に必要ではない本を読むのも、どちらも自分のための行為。両者の違いについては、「前者は外部『成果』を生むためであり、後者は内部『成果』を生むためである」と書かれています。

要するに、仕事に必要ではない本＝楽しむための本を読むことで得られるのが「教養」であるのに対し、仕事のための本を読んで得られるのが「利益」だということ。その「利益」は、「効率」や「ベネフィット」ということばに置き換えることができるものです。

もちろん、仕事上の観点からいえば効率やベネフィットにも相応の意味はあるでしょう。しかし、「自分のための読書」という観点からすると、効率以上に大切なのは「教養という名の効能」であるとも考えられるはずです。

鷲田氏は、「浪費の読書は、暇のあるときは、ありすぎるときは、むしろ起動しにくい。暇がないとき、寸暇を惜しんでする『読書』がなんともいい。それに読書上手は、ほとんどが『忙しい』人である」とも指摘しています。

これまた非常に腑に落ちる考え方。私も、時間がたっぷりあるときにダラダラ読むよりも、限られた時間のなかで読んだもののほうが圧倒的に記憶に残るものだと感じたことが何度もあります。そういう意味では、時間がないことが問題ではないのかもしれません。そしてこの〝事実〟は、読めなくなってしまった人を本質的な部分に引き戻してくれる考え方だともいえそうです。

ある書物はちょっと味わってみるべきであり、他の書物は呑み込むべきであり、少しばかりの書物がよく噛んで消化すべきものである。すなわち、ある書物はほんの一部だけ読むべきであり、他の書物は読むべきではあるが、念入りにしなくてよく、少しばかりの書物が隅々まで熱心に注意深く読むべきものである。

一方こちらは『ベーコン随想集』（渡辺義雄訳、岩波文庫）に収録された、イギリスの哲学者であるフランシス・ベーコン（同名の芸術家とは別人）のことば。つまりはいろいろなタイプの書物が存在するわけで、しかもそれらに優劣はつけられず、どの書物にも、どういう読み方にも価値があるということ。そう解釈すれば、本と読書の本質が浮かび上がってくるのではないでしょうか。

なぜ読書するのか

いいかえれば、読む前から、その本、あるいは読書という行為に価値やベネフィットを求めすぎてしまうから窮屈になるわけです。「なにかを得られるかもしれない」と期待したまま読んだ結果、思っていたほどのものを得られなかったとしたら、失望感がことさら大きくなったとしても当然です。しかし、「なにかを得るために」ではなく、「読みたいから」読む、「なんとなく気になるから」読む。本来は、それだけで充分なのです。過度に期待せず読んでみた結果、思いもよらなかったなにかを得ることができたのだとしたら、その読書は大成功じゃないですか。

逆に、「これを読んだら、こういう素晴らしいことが起こるかもしれない」というようなことを考えて臨んだ場合は、「起こるかもしれない」が「起こるに違いない」という勝手な期待感に変化してしまう可能性があります。それは非常に危険です。結果として、過度に失望することになるかもしれないからです。とはいえ、それはその本や著者の責任ではありません。あくまで、〝勝手に期待しすぎちゃった〟自分の問題。だから、そこで「期待はずれだったぜ！」と怒るのは筋違いですし、そういう意味でも過度に期待するべきではないといえます。いいかえれば、読書を必要以上に重要な行為だと思わないほうがいいということです。などというと極論っぽく聞こえるかもしれませんが、「その程度のもの」くらいに捉えておいたほうが、本当の意味での理想的な距離感が保てるようになると思います。

もちろん、読もうという気になったのであれば、相応の期待感を抱くのは当然の話です。とはいえ繰り返しますが、期待しすぎてはいけないのです。期待感は放っておくと肥大化していくものですが、そこそこのところでブレーキを踏むべき。その代わり、「読みたい」という純粋な欲求だけにフォーカスするのです。仕事のために必要な本を仕事のために読むというようなケースは別としても、純粋に読みたい本を読む場合であれば、そのきっかけは「理由はないけど読んでみたい」「なんとなく、おもしろそう」というような漠然としたものだけで充分です。

それ以上の期待感を持っていなければ、あるいは持っていたとしても意識しないでおけば、そのぶんだけフラットにその本と向き合うことができるはず。したがって、「思っていたよりおもしろかった」とか、あるいは「たいしたことなかった」とか、純粋な思いを抱くことができることでしょう。

翻訳家の青山南氏は、ハワイに行くたび、海辺で読書する人たちの姿が気になるのだと『本は眺めたり触ったりが楽しい』（ちくま文庫）で述べています。のんびり日光浴でもしていればいいものを、かんかん照《で》りのなか、サングラスをかけて本を読む人が非常に多いというのです。「ハワイにくる人間には本好きが多いということだろうか」という問いには、「まさか」と自分でツッコミを入れておられるので思わず笑ってしまうのですが、たしかにそれは不思議なことかもしれません。そこで、なぜそうまでして読むのかと考えてみた結果、次のような結論が出たのだそうです。

（1）じつはなにも読んじゃいない。ただ字面を追いかけているだけなのだ。日光浴をするための口実として本が利用されているのだ。

（２）　読んでいるかもしれないが、筋や論旨などかまっちゃいない。ぼんやりとした頭にかろうじて引っ掛かるようなことば、ないしは文章があれば、それで大収穫なのだ。

自身が導き出したこの「結論」を受けて青山氏は、「だけど、本の魅力って、もともとは、このあたりにあったのかもしれない」と文章を結んでいるのですが、まさしくそのとおりだと思います。もちろん「なにかを得ること」も大切かもしれませんが、だからといってそれだけが読書の価値ではない。ぼんやりとした頭に、なんらかのことばや文章が引っかかることが重要なのです。いってみれば、そんな些細なことも読書の大切な価値であり、いつかそれが役に立つ可能性も大いにあるということです。

どう読むべきなのか

「本を読みたいという気持ちはあるんですけど、でも、どう読んだらいいんですかね？」

「いや、読みたいなら、ただ読めばいいんじゃない？　なにが疑問なの？」

「ですから、〝読み方〟みたいなものがあるんじゃないかと思って」

「ないよ」

「…………」

これ、あんまりおもしろくない冗談でもなんでもなく、実際にあった会話です。読書について悩む知り合いから相談をされたときのこと。しかも似たようなことを聞かれたことは、他の場面でも何度かありました。いいかえれば、「自分の読書は正しいのか」「どう読んだらいいのか」というような、答えが出るはずもない問題の前で立ち止まり、しかしなんとかしたいと悩んでいる方は、それくらい多いのでしょう。

気持ちはわからなくもありません。たとえば、「○○冊読破してきた読書通がおすすめする〝いま読むべき△△冊〟」みたいなヘッドラインがついたネット記事を頻繁に（強制的に）見せられていたとしたら、「この人は、どうしてこんなに読めるんだろう？」とか、「読み方みたいなものがあるから、堂々と紹介できるほど読書自慢ができるのではないか」「だとすれば、どう読めばいいんだろう？」という具合に疑問や不安要素が積み上がっていっても当然。その結果、それらをクリアできない自分にコンプレックスを感じるようになったとしても無理はないでしょう。

でも、見えやすい位置に表示される、その手の記事などに振り回されないほうがいいと思います。なぜなら、それだけが正解ではないからです。「○○冊読破できる人」がいる一方、一冊読むのも大変な人だっています。しかし、両者は比較できるものではなく、どちらが正しいというものでもありません。ましてや、「正しい読み方」なんてものはあるはずがありません。

極端ないいかたをすれば、「読み方」は自分自身が決めることであり、その方法が自分にとって無理がなく心地よいものであるならば、それは誰がなんといおうとも自分にとっては「最良の読み方」なのです。読書スピードが遅かろうが、何度も読み返さなければ理解できなかったとしても問題はなし。自分にそういうスタンスがフィットするのなら、誰になにをいわれる筋合いもないということです。

たしかにどの世界にも、人のやり方にあれこれケチをつけたがる人はいるものです。音楽なども同じで、（いまではだいぶ減りましたが）かつては「あ、それを聴いてるのか。へー、そういうのも聴くんだねえ。でもさ、それを聴くんだったら、まずはこっちからはじめなきゃ。それが順序ってもんでしょ」などとホザいて先輩風をふかしたがる人がいたものです。

私もそういう先輩にさんざんいやな思いをさせられてきたのですが、そのような人は本を読んでいるときにもしゃしゃり出てきたりするものですよね。「そっちじゃなくて、まずはこれ！」とか。でも、そもそも読み方に、万人向けのセオリーなどあるはずはありません。小中学校の国語の時間には、教材になっている小説などの意味を教わることがありますし、もちろんそれらは読解力を身につけるために有効です。とはいっても、授業や教科書のなかだけに真実があるわけではありません。よくいわれるように、数学と違って読み方の答えはひとつではないからです。

したがって、もしも「どう読んだらいいのか」と悩んでいるのなら、真っ先にするべきはその悩みを捨て去ることです。そして、読みたい本をただ読めばいいのです。それこそが、自分にとっての正しい読み方であるはずだからです。雑音にはなにかと惑わされがちですが、そこに自信を持つことはとても大切だと思います。「いま、自分は本を読みたい」、その気持ちだけを重視すればいいのです。

ブックカフェの店主である阿久津隆氏は『本の読める場所を求めて』（朝日出版社）の冒頭に、「僕は、ただ、読書が楽しい、読書が好き、読書が趣味、それだけだ」という文章を寄せておられます。食べるのと同じように、しないでは気が済まないし、満たされないのだと。気づきや学びや成長などよりも、ただ、楽しければいいのだと。これは、「どう読んだらいいのか」などというような答えが出るはずもない理屈よりもずっと本質的であり、とても大切なことだと思います。これこそが読書の、本と自分との関係に求められるべきものだからです。

本のある風景はとてもいい。本がわーっと並べられた風景を前にすると、安心する。気持ちがほっとあたたまる。同時に、ワクワクと心が躍り立つ。

私も書店（古書店や新古書店も含む）に足を踏み入れるたびに心が躍るので、この気持ちもすごくわかるなあ。蛇足ながら私は毎朝、十数件の古書店や出版社のＳＮＳをチェックしているのですが、それもパソコンの画面に「自分の知らない本」の書影が映し出されることにワクワクするからです。私の朝は、そこから始まるのです。

かつて読書は「習慣」だった

過去、たとえば小学生時代には、本を読むことにさほどの抵抗感はなかったのではないでしょうか。なにせ子どものころは知識の絶対量が少なく、それ以前に、なんにも考えていなかった……などといってしまうといいすぎかもしれませんが、すなわち読書をそれほどシリアスに捉えていなかったのではないかと思うのです。つまりは真っ白な状態だったわけで、だから余計な抵抗感を抱えることなく本と向き合えたということです。もしかしたら、授業に読書の時間が組み込まれていたこともプラス要素だったのかもしれませんが、いずれにしても本を読もうというときには気負いを感じる必要などなかった。だから、ずっと活字の世界に入り込むことができたのではないかと考えるわけです。

そもそも私たちが子どもだった時代——というより、インターネットが一般化する以前の世の中では、圧倒的に娯楽の量が限られていました。家でなにかを楽しもうとする場合、情報源はテレビ、ラジオ、漫画、そして本くらいしかありませんでした。しかもお堅いイメージのある本というメディアは、これらのなかでいちばん魅力に欠けていた可能性があります。それ以前に、もともと読書が嫌いだという方だっていらっしゃったでしょうし。

しかしそれでも、「なんか暇だなー」と感じたとき、とくに意味もなく本に手を伸ばすようなことはあったのではないでしょうか。そういう意味で、かつて読書は日常生活に組み込まれた「習慣」のひとつだったといえそうです。そして振り返ってみれば、そこにこそ読書の本質が隠されていたようにも思えるのです。顔を洗ったり、ご飯を食べたり、テレビを眺めたりするのと同じ「習慣」として、読書が生活のなかに〝なんとなく〟組み込まれていたということ。なんとなくではありますが、しかし振り返ってみれば、そこには意外と意味があった。すなわち日常の一環としての読書は、少なからず精神的な余裕を生み出すことにも役立っていたように感じるのです。

一方、現代に目を向けてみれば、まったく正反対の状況であることがわかります。必要なことは（必要のないことも）インターネットが一方的に教えてくれますし、Netflixやアマゾンプライムビデオのようなプラットフォームを利用すれば、魅力的なコンテンツをいくらでも楽しむことができます。ゲームだって好きなだけ楽しめますし、そもそもＳＮＳで友人や知人の情報をチェックするだけでも大忙し（しかも、それが楽しいので困りもの）。ぶっちゃけ、そんな状況下では読書があとまわしになったとしてもまったく不思議ではないでしょう。

ただし、手間はかかるでしょうが、読書はそのぶん、心に潤いのようなものを与えてもくれます。それは、あふれかえる魅力的なコンテンツに欠けているものでもあります。多少の面倒くささはあったとしても、それに見合った、いや、それ以上に大切ななにかを読書という行為は与えてくれるのです。だからこそ、目が覚めたら顔を洗うのと同じように、読書を習慣化するべきだと私は思っています。

「ただでさえ忙しいのだから、そんなことをしている時間はない」という声が聞こえてきそうですが、ご心配なく。後述するとおり、いまある生活習慣の一部をちょっと修正してみるだけで、それは充分に可能なことです。そしてなにより大切なのは、「生活のなかに本がある」状態を定着させることだと思います。

ちょっと、次の文章を読んでみてください。

子どもが最初に本と出会う場所は、家庭です。家庭であってほしいと思います。うちのなかに本があり、親が本を読んでいる姿を見る。それが、子どもには、本への第一歩です。この世の中には本というものがある。紙でできていて、外側は固く、味はあまりよくない。開くと、なかにうすい、ひらひらしたものがあって、それには黒い点々がある。ときどき、絵も入っている。おとなたちが、それを手にしていることもあるが、そのときはおおむね静かだ。（中略）

本が、身のまわりに普通にあるものとして自然に子どもの意識にはいってくる。それを読むという行為にも、まわりのおとなたちがしている日常のあたりまえのこととしてなじんでいく。

これは、松岡享子著『子どもと本』（岩波新書）からの引用で、いうまでもなく子どもと本との関わり方について書かれたものです。そのため、自分には関係ないと思われる方もいらっしゃるかもしれません。

でも、それを承知のうえでお願いしたいことがあります。あえて、少しだけ違う角度からこの文章を捉えてみていただきたいのです。そうすれば、子どもだけではなく、これが「大人と本」との関係にもあてはまることだと気づけるはずだから。つまり、これこそが世代差を超えた「生活のなかに本がある」状態なのです。そのため、こういった状況を当然の光景として定着させることができれば、「本のある日常」を心地よいものとして受け入れることができるに違いありません。それどころか、無理なく習慣化できるはずです。

具体的に考えてみましょう。たとえば子どもを含めた家族のいらっしゃる方であるなら、一日のどこかに「みんなで本を読む数十分の時間」を設定してみてはいかがでしょうか。ダラダラとスマホやテレビを眺めてしまいがちな日常に、本を用いて〝ちょっとしたアクセント〟をつけてみるのです。単身の方であればなおさら実現しやすいかもしれませんが、いずれにしてもそんなことを試してみれば、本との距離感が縮まり、読書を無理なく習慣化できるはず。そしてなによりそうした習慣は、単調になりがちな日常生活のなかでリズム感として機能してくれることだろうと思うのです。

なぜ習慣が大切なのか

いま「目が覚めたら顔を洗うのと同じように」という表現を用いましたが、顔を洗うことにも、歯を磨くことにも、仕事の準備をすることにも、好きなテレビ番組を眺めることにも共通点があります。どれも日常生活で当たり前のように行っている習慣だということです。そして毎日続けている習慣は多くの場合、考える前にやっているものでもあります。たとえば歯を磨くとき、「どうして歯を磨くんだろう?」とか「歯を磨くべきなのだろうか?」などということは考えませんよね。それは、やって当然のこととして自分の生活サイクルに組み込まれているからです。

毎日の習慣というものは、とりたてておもしろさを感じさせるものではないでしょう。でも、そういった当たり前の行為が連続していくなかに、「新たな当たり前=新たな習慣」を組み込んでみたとしたら? もしかしたらそれはなんらかのアクセントになり、その結果、当たり前の毎日を多少なりとも新鮮に感じることができるようになるかもしれません。

ちょっと話が込み入ってしまいましたが、つまりマンネリになりがちな毎日の習慣のなかに、もうひとつ「読書という習慣」を組み込んでみることを提案したいのです。私が強くそれをおすすめするのは、読書を習慣化できれば、生活の鮮度が間違いなく上がるからです。

無目的に同じことを機械的に繰り返しているだけなら、そりゃーつまらなくもなりますけれど、読書を〝楽しみ〟として活用でき、それを毎日の習慣として定着させることができれば、生活の質は間違いなく向上します。

もしかしたら、習慣化と聞いて「難しそう」と思われる方もいらっしゃるかもしれません。しかし、第3章でご紹介する具体的な策を確認していただければわかっていただけると思いますが、決して難しいことではありません。気持ち次第ですぐに実践できることなので、試してみる価値はあると思います。

読書習慣がもたらすもの

仕事を中心とした毎日は当然ながら、多かれ少なかれストレスを生みます。しかも厄介なことに、ストレスは蓄積されていくものでもあります。そのため、毎朝の通勤がつらいと感じていらっしゃる方も多いのではないでしょうか。私にもかつて会社員時代があったので、気持ちは痛いほどわかります。あのころは、なんだかいつも張り詰めていたなぁ……という話はさておき、働く日常はやっぱり楽ではないわけです。

リモートワークが浸透した昨今は、上司と顔を合わせる機会が減ったぶん楽だろうという見方もあるかもしれませんが、私の周囲のリモートワーカーを確認する限り、それほど簡単なものでもなさそうです。なにしろディスプレイ越しに会話をすれば、結局は対面と同等の精神的な負荷がかかってしまうのですから。つまり、そういったストレスは社会人として生活している以上、逃れられないものでもあるわけですが、逃れられないからこそ、逃げ道＝ガス抜きするための手段を持っておいたほうがいいと私は考えます。一時でも仕事のことを忘れられるなにかを習慣化できていれば、日常の要所要所に肩の力を抜くことができる場所をつくれるからです。

そこで、読書を活用するべき。

私たちはふと時間が空くと、無意識のうちにスマホに手を伸ばし、特段必要のない情報を無目的に眺めたりしてしまいがちです。偉そうに書いていますが、私にだってそういう時間はあります。しかし客観的に考えて、それでストレスを解消できるでしょうか。そうは思えないからこそ、私はなるべくそういう時間をつくらないように意識しているのですが、その代替手段として最適なのが読書です。

先にも触れたように、読書習慣というとなにやら大げさな感じがするかもしれません。けれども大それたことではなく、日常の〝当たり前〟と〝当たり前〟との間に、ちょっとだけ読書の時間を組み込み、それを息抜きの手段として習慣化させてしまえばいいのです。

具体的にいえば、〝なにも考えずにスマホを見てしまう時間（の何割か）〟を〝ちょっと本を読む時間〟に置き換え、それを習慣化してみる。そうすることで得られるのは、スマホでは感じることのできない〝特別感〟です。なぜなら、そんなときの読書は、日々の仕事のサイクルとは少しばかり毛色の違った行為になるから。仕事のことで頭がいっぱいになっていたとしても、5分か10分だけでも意識を本に向けてみれば、気持ちをリフレッシュさせることができます。

しかも、そういう〝ちょっと変わった読み方〟をした場合、そこで読んだものは予想以上に記憶に残るものです。なぜなら、家で時間をかけて読んだりするのとは違い、〝ちょっと本を読む時間〟には非日常的なニュアンスがあるからです。気持ちをリフレッシュでき、なおかつ読んだ内容も記憶に残しておけるのですから、まさに一石二鳥です。

重要なポイントは、読書を手段として活用するという部分。とかく読書は、なんとなく大層なものとして捉えられがちです。しかしそれは間違いで、ただの手段でしかありません。手段であり、それを活用するのは自分なのです。したがって、あくまで軸は「自分」に置くべきだということです。

読めない壁

冒頭で触れたとおり、とりわけ社会に出てからは「読めない壁」にぶつかってしまうことがよくあります。「昔は読書家だったのに、いきなり読めなくなってしまった」という場合はなおさら、その壁は人を悩ませることでしょう。だから「読書法」のたぐいの本が続々と発売されるわけで、本書もそのひとつであるといえます。

しかし、もちろん読書できるようになるために役立つ本でありたいという気持ちはあるものの、それ以前に、読書のあり方や本との向き合い方など、誰もが知っているに違いない本や読書についてのあれこれを最初から考えなおしてみたいのです。そうすることによって、

「読めない壁」との向き合い方も変わってくるのではないかと思うからです。

繰り返しになりますが、人が「読めない壁」に悩まされるのは、「以前は読めていたのに、なぜか読めなくなった」という思いを打破できないからです。つまり、乱暴ないいかたをすれば、読者が本に負けている。本が優位にあり、本に太刀打《たちう》ちできない読み手が翻弄されているということです。しかも、思うように読めないと、ただモヤモヤとした不快感だけが積み上がっていくことになります。それは自分の理想とはかけ離れたあり方なので、だから、なんとかしたいと焦ってしまうわけです。

しかし、そんなとき基準になっているのは「読めていた昔」です。なにも考えずに本と向き合えた小学生時代とか、特定の作家やカテゴリーに傾倒した大学生時代などの経験が大きかったからこそ、現状を見るにつけ、「いつの間にか読めなくなってしまった」と落ち込んでしまうことが多いのでしょう。

たしかにそういう時期に読んだものは血肉となり、読書体験もよい思い出として記憶に残ります。だから自然とそれが基準となってしまうわけですが、そもそもそこが間違いだと私は思います。なぜなら、「いま」の基準は「いま」に置くべきだからです。読めた学生時代は、ただの過去です。だいいち学生時代は読めたのに、社会人になったら読めなくなったとしても、ある意味で当然。現実的に読む時間は限られているでしょうし、考えなくてはいけないことも無数にあるはずですし、他にやりたいことがあるというケースも考えられます。つまり、「いま」の読めない壁を乗り越えるためには、「いま、そういう状態にある自分」を基準にする必要があるのです。そうでないと、乗り越えようがないことでずっと悩み続けることになり、結局は「読めないまま」読書から離れていくことになるかもしれません。

大切なのは、「いま」を認め、それを基準としながら「これからの読書」について前向きに考えてみることです。時間があり、頭もいまより柔らかかった学生時代は、1日に1冊、場合によっては2、3冊の本を読めたかもしれません。私にもそんな時代がありました。しかし、それは過去の話。そういう過去があったからこそ、いまの読書のあり方がある。そして、それを重視することが重要です。

たとえば、いまは1冊の本を読むのに1週間かかるとしたら、それこそが自分にとっての「いま」のペースです。それはまったく悪いことではありません。さまざまな要因が折り重なった結果として、「前ほど読めない現在」があるのですから。したがって、まずはそういう視点に立つことをおすすめします。そう考え、「いまできること」を最優先しながら向き合えば、本との関係は間違いなく、よくなっていくはずです。昔のようでなくてもいいし、過去に縛られる必要もありません。読めない壁と歩調を合わせ、遅いながらも無理なく読み進めていく。それこそが、「いま」の自分にとってあるべき読書であるということです。

読めないのは時間がないから？

別項でも触れているように、社会人になってから本が読めなくなった人の多くはその原因として、「時間がない」ことを挙げています。もちろんそれは事実ですし、否定する気もさらさらないのですが、とはいえその一方、「ものは考えよう」だということを忘れるべきではないとも思います。たとえ時間がないという物理的な事実があるとしても、それをどう捉えるかによって〝そこから先〟は大きく変わってくるからです。

要するに、「時間がないから、どうせ無理」とネガティブに捉えるか、それとも「時間がないなかで、どう読むか」とポジティブに考えるか、どちらを選ぶかが大きな分かれ道になるということです。どちらを選択するかによって、その後の読書生活は大きく変わってくるのです。読書以外のことにもいえますが、「どうせ無理」と諦めてしまったら、すべてがそこで終わってしまいます。でも、「そうだよね、時間がないね。では、これからどうしようか」という具合に「そこから進むべき道筋」を模索してみれば、必ずなんらかの答えは見つかるものなのではないか。私はそう感じるのです。

作家の片岡義男氏は、『片岡義男［本読み］術・私生活の充実』（晶文社）のなかで「時間」について触れています。興味深いのは、本を読む行為は「束縛的」であるという表現です。

本を読むためには、椅子に座ったり、ベッドに寝転んだりして、しかも本を手に持って、活字を目で追っていかなければなりません。したがって、本を読みながら、ほかのことをすることができなくなってしまうわけです。片岡氏もそれを認めたうえで、「だからみんな、本を読まなくなったのではないでしょうか」と指摘しています。たしかに、そのとおりですよね（余談ながらこれは1987年、すなわち40年近く前の本なのですが、つまりそのころからすでに「本を読まない人が増えた」といわれていたのでしょう）。

ともあれ、ここでいう「束縛的行為」にもうひとつ、「仕事」を加えてみてもいいかもしれません。「本を読む行為が束縛的である以上、仕事に費やす時間をそこに割くことは不可能だ」というように。でも、だから本を読むことは不可能だということではなく、つまるところそれは意識の問題ではないでしょうか。時間はないかもしれないけれど、自分次第で本を読む時間はいくらでもつくれるということです。片岡氏も、「多忙だと思うが、本を読む時間をどうつくるのか」という問いにこう答えています。

だから、本を読むためなら、ぼくはそのためだけの時間を作ります。作る以外にないですね。ほかのことが出来ないのですから。主体的な知的関心につき動かされて、よし、この本を読もう、と決めたなら、それだけの時間をそのことにあてなければ、どうにもならないでしょう。だから、ぼくはこの本を読む、と決めたなら、時間を作ってそれを読むのです。多忙な人でも二日に一冊は読めるでしょう。ぼくは、そんなには読まないですけれど。

ここには、多くの人が見落としがちな、しかし重要なポイントがあります。「この本を読む、と決めたなら、時間を作ってそれを読む」という部分です。読みたいのであれば、たしかにそうするしかありませんが、これは「読む気がない人は、多忙を理由に時間をつくらない」と捉えることもできます。つまり時間がないことが理由なのではなく、主体性の問題なのです。読みたいという気持ちがあるのなら、忙しかろうが時間をつくろうと主体的に考えるはず。そういう人が、「読める人」になれるということです。

なお、もうひとつ加えておくと、読書に関する主体性を身につけるためには、「知的好奇心」を持つことがとても重要だと私は考えています。好奇心は、本書の裏テーマのひとつであるといっても過言ではありません。このことについては、もう少しあとで触れたいと思います。

遅くても忘れても当たり前

多くの場合、読書について悩む方を苦しませているのは、「読むのが遅い」「理解が苦手で、何度も同じところを読み返してしまう（だから、なかなか進まない）」「苦労して読んでも、内容をすぐに忘れてしまう」といったことであるようです。事実、そういう悩み相談を受けたことは何度もありますし、それどころか私自身、かつては似たようなことで悩んでいた人間です。

ですから、気持ちはよくわかるのですが、だからこそ断言できることがあります。過去の著作において主張し続けてきたことでもありますが、読むのが遅かろうが、すぐに忘れてしまおうが、そんなことは悩むに値しないということ。それは間違いありません。悩みの渦中にあると、あたかも自分だけが劣っていて、自分だけが悩んでいるかのように思ってしまいがちです。しかし実際には、本を読む人の大半が、似たような壁にぶち当たっているものなのです。

事実、私はこれまでに、そういったことで悩んでいるたくさんの方と出会ってきました。そういう意味では、読書についての悩みは、本を読む人についてまわる宿命のようなものなのかもしれません。芸術家が、死ぬまで作品について悩み続けるのと同じように。

たとえば書店で「コスパが圧倒的によくなる速読術」とか「一度読んだだけで一生記憶に残る読書術」というように扇情的なタイトルの本（あくまで例です）を目にすれば、「この著者はきっと、ものすごい速さで本が読めて、理解力も高いんだろうなあ」という気分になったとしても無理はありません。

しかし、本当にそうだったとしても、その著者はきわめて稀有《けう》な存在であると考えたほうがいいと思います。そういう天才的な人もたまにはいるのでしょうが、あくまでそれはひと握りの人であって、つまり目指すべき対象にはなり得ないということです。

もちろん程度の差があるとはいえ、本を読む人は多かれ少なかれ、「読むペースが遅いなあ」とか、「ちっとも理解できてないじゃん」「忘れちゃったよ」というようなことで悩んでいるものだと考えたほうがいい。いわば、むしろそれこそが、本を読む人のスタンダードなあり方です。当たり前のことなのですから、悩んだって意味はありませんし、むしろ大切なのはそんな自分を受け入れてしまうことです。そうすれば、「次はもう少し改善できるといいな」というように、肯定的な気分で読書に臨めるはずです。それこそが、なにより大切なことなのではないでしょうか。

なお、「忘れる」ことに関しては、英文学者、言語学者、評論家として多大な功績を残された外山滋比古氏も『忘却の力』（みすず書房）のあとがきで触れています。

興味深いのは、知識の習得と、ものを食べることとの間に共通点を見出している点です。食べすぎると消化不良を起こすし、そこまでいかなくとも、満腹してしまえばそれ以上は手が出なくなる。したがって〝適度の空腹〟がいちばんよい状態だけれども、そうした〝心地よい空腹〟になるためには、食べたものをどんどん消化し、余分なものを排泄しなければならないのだというのです。

忘却はこの排泄作用を頭の中でしていると考えられる。いろいろなものが頭に詰め込まれるが、全部が全部、必要なものであったりするわけがない。大事なことだけとって、残りはゴミとして出してしまう。忘却はこの分別、整理をしているのである。

現代的な感覚で捉えると、ゴミという表現はやや過激に感じられるかもしれませんが、非常に納得できる考え方ではないでしょうか。ただ知識の多いことを喜んで、適切な忘却をなおざりにしていると、知的メタボリック症候群にやられてしまう。だからこそ、効率的忘却はきわめて現代的課題である――。あとに続くこの指摘もまた、現代人にとって重要なポイントであるといえそうです。

積極的読者であるべき？

アメリカの哲学者であるモーティマー・アドラー（「アドラー心理学」で知られる精神科医とは別の人）は１９４０年の著作『本を読む本』において、「読むという行為にはどんなときにも積極性が必要であり、受け身の読書などありえない」と主張しています。そもそも読むということは積極的な行為だけれども、積極性が高い読書ほど〝よい読書〟なのだと。そして、読書にはらう努力が大きければ大きいほど、その人は〝よい読み手〟なのだと。

たしかに的を射た考え方であり、世界中で読み継がれてきたことも充分に理解できます。しかし基本的には同意するものの、私には、ひとつ気になる点があります。知の権威を前に偉そうではありますが、「たしかにそうだけど、でも、そうともいい切れない」とも感じるからです。

読む際には積極的であるべきだというメッセージは、よりよく本と向き合いたいとか、自身の読書レベルを向上させたいという欲求を持った人たちの強い共感を呼ぶことでしょう。『本を読む本』を購入した人たちには「よりよく本を読めるようになりたい」というような思いがあったに違いなく、そういう意味では意欲的な読書人であるといえるのですから。したがって本書におけるアドラーの考え方は、彼らの読みたいという感情を刺激して余りあるはずです。じつをいうと私もそのひとりで、本書からは多くのことを学んだと感じています(はたして〝意欲的な読書人〟であるのか、自分ではわかりませんが)。

ただし、問題もあります。アドラーは『本を読む本』を「『本を読む人』のための本」、「『これから本を読みたい人』のための本」であるとも記しているのですが、現実的には(本書が世に出てから80年以上の歳月が経過した現代であればなおさら)〝そこに収まりきらない人〟も数多く存在するのではないでしょうか。それは「本は好きだが(もしくは読書に関心があるが)、自分のことを積極的読者だなどとはいえない」という人たちです。

そんな中間地点にいるタイプは決して少なくないと思います(仮にここでは、そういう人たちを「消極的読者」と呼びます)。アドラーの視野のなかにある積極的読者は、まず前提として読書に対する強い意思を持っているのですから、『本を読む本』からよりよい読書法を身につけることができるでしょう。しかし、消極的読者は読書家だと明言できるような自信がないので、本を読みたいという気持ちはあるのにどうしても声が小さくなってしまう。だからその存在に焦点が当たることが少なくなってしまうのですが、じつは彼らの思いを満たすことにこそ、読書人口を増やすためのヒントが隠されているように思えてなりません。

得ようとしなくても「得るべきもの」は積み上がる

では、なにが彼らを消極的読者とさせてしまっているのでしょうか。彼らはなぜ、読書欲求がありながらも消極的になってしまうのでしょうか。

私が思うに、それは反対側にいる積極的読者の声の大きさの影響です。そもそも消極的読者には、人に誇れるような自信がないものです。そのため、たとえばアドラーのような偉人から「読むという行為には積極性が必要である」などといわれてしまうと、あるいは身近にいる読書家のすごさを見せつけられたりすると、無意識のうちに萎縮してしまうのではないかということです。そしてその結果、「優秀な読書家たちと違って、自分は本のなかから多くのものを得ることができない」というような屈折したコンプレックスを抱いてしまったりするのかもしれません。

つまり、そういった他者の大きな声を聞いたりすることで「自分には無理だ」と断定してしまうから、せっかく芽を出しかけていた読書欲求がしぼんでしまうわけです。もちろんこれは推察にすぎませんが、とはいえそういう悪循環は、多少なりともあるように感じます。しかし、やはりそれは不健全ですし、それ以前にもったいないことでもあります。

したがって、もしもそのようなことを感じている方がいらっしゃるのだとしたら、「無理をしてなにかを得ようとする必要はない」と強く訴えたいと私は思います。本を読む際には「なにかを得なくては」という謎の使命感によって自分を追い込んでしまいがちですし、それがうまくいかないと（うまくいかないことは多いものです）「自分が劣っているのだ」という思いに苛《さいな》まれてしまったりもします。

けれども決して劣っているわけではなく、それどころか、「うまくいかなくて当たり前」

なのです。だいいち、無理して得ようとしなくても、また、自分では「なにも吸収できていない」と感じていたとしても、本当に〝得るべきもの〟は自分でも気づかないうちに自分のなかへと吸収されていくものです。その時点では実感を持てないかもしれませんが、将来的に「そういえば昔読んだあの本に、こういうことが書いてあったな」というように記憶が蘇ってくることも少なくありません。

つまりそれは、得ようとしていないにもかかわらず、得るべきものが自動的に積み上がっていたということです。人間にはそれだけの能力が備わっています。選ばれた一部の人たちだけに与えられた特別な才能ではなく、すべての人間に備わった〝当たり前の能力〟として。優秀に見える積極的読者との違いがあるとすれば、そのことに気づいているかいないかだけかもしれません。

だからこそ、あまり考えすぎないほうがいいのです。「得なければいけない」などということは決してありませんし、「得るべきもの」は放っておいても勝手に得られ、そして積み上がっていくものなのですから。

忘れてしまったことは「必要ないこと」

赤塚不二夫氏の名作『天才バカボン』でおなじみバカボンのパパに、「忘れようとしても思い出せない」という名セリフがあります。もともとは漫才師の鳳《おおとり》啓助さんのギャグで、それを気に入った赤塚先生が借用したという経緯があるのだとか。もちろん単なるギャグなのですから特別な意味はないわけですが、とはいえ、このことばには重要な本質が隠れているなあと感じることがあります。それは、読書に関することに関係しているとも。

読書をする際には、「内容をしっかり記憶して、忘れないようにしなければ」というように気負ってしまいがちです。そこまで厳密に考えなかったにせよ、多少なりとも「忘れないようにする」ことを自分に強《し》いてしまうことは珍しくありません。だから忘れてしまった場合は、自分が他者よりも劣っているような気持ちになってしまったりもするのです。そして自己嫌悪感が積み上がっていくと、やがて「どうせ自分は忘れてしまうんだから……」と必要以上にネガティブになり、本を読むこと自体から距離を置くようになってしまうこともあるでしょう。程度の差こそあれ、そういうことは珍しくありません。

でも、覚えておこうと思っていても忘れてしまうようなことは、自分にとって覚える必要のないことなのです。バカボンのパパがいう、「忘れようとしても思い出せない」状態と大差ないわけです。

思い出せないのはきっと、必要ないことだと脳が判断したから。能力の問題ではありませんし、むしろ、「これは必要ない」という判断能力がきちんと働いていることの証だといえるかもしれません。もちろん、それを必要とする人もいることでしょう。しかし、それは当人にとって、その情報が必要だったというだけの話で、あくまでその人の問題です。「だから、自分より優秀だ」ということにはなりません。

同じように、自分がしっかり記憶していることを、その人は忘れているかもしれません。そういう場合は、自分が記憶できていることは、その人にとって必要ないことなのです。要するに、誰にでも「忘れていいこと＝必要のないこと」はあるというだけの話です。ものすごく単純なことだと思いませんか？

必要のないことだとしたら、忘れても一向にかまわないはずです。そういうものは放っておいても忘れてしまうのですから。それが本質であるからこそ、割り切ることは大切。そのように考えることができるようになれば、本との距離はさらに縮むのではないかと思います。

じつは意外とみんな読めていない

盲点や死角はどんなことにもあるものですが、もちろん読書についても同じことがいえます。端的にいえば、当たり前のことに気づいていない方が意外と多いのです。それは、「みんな意外と読めていない」「読めないことで悩んでいる人は多い」ということ。

自分が読めない状態にあると、あたかも自分だけが読めなくて悩んでいるかのように思いたくなるものです。でも実際には、多くの人が読めないことで悩んでいるのです。事実、私はこれまでに何度も、いろいろな人からそういう相談を持ちかけられています。私がどうだという意味ではなく、つまりはそれほど「悩める読書人」は多いということ。決して自分だけが抱えている問題ではありません。

ちょっとしたことで世界が終わるかのように苦悩していた思春期のころ、「こんなにつらいのは自分だけだ」とか、「世界でいちばん自分が不幸だ」みたいなことを考えたことはなかったでしょうか。いかにも多感な時期ならではの極端すぎる発想ですが、数十年経ってからそのことを同級生に打ち明けたら、その相手も似たようなことで悩んでいたというようなことはよくある話です。私もかつて同窓会の席で、「えーっ、あんな非の打ちどころがないやつが、自分と同じようなことで悩んでいたのか」と驚かされたことがあります。つまり、「読めない悩み」にもそれと似た部分があるのです。

けれど、よくよく考えてみれば（考えてみるまでもなく）それは当然の話。なぜなら現代社会は、かつては読書家だった人ですら本を読まずに生きていけるような構造になっているからです。衰退し続けるテレビを観る人の数も減っていますし、今後はさらにそうなっていくでしょう。しかしその一方では、Netflixに代表されるサブスクリプションサービスやYouTubeなどの気軽に利用できるコンテンツが増え、なかには旧来のテレビ番組よりもはるかにクオリティの高いものも少なくありません。

私もずいぶん前から韓国ドラマにハマっていて、読書よりもそちらを優先しそうになってしまうことがあります。読書と執筆を生業《なりわい》としている人間でさえそうなのですから、かつて読書家といわれていた人の何割かが〝読書以外〟のなにかに時間を割くようになったとしても不思議ではないでしょう。そうでなくとも社会に出れば忙しいので、限られた時間を少しでも有効に使おうと考えるのはむしろ自然なことです。そんなとき、本よりNetflixを選んでしまう人が出てくるのは無理もないこと。そう考えていけば、「じつは意外とみんな読めていない」ことにも納得がいくのではないかと思います。

そこで、さしあたってはそうした「いまある現状」を受け入れることからはじめるべきだと私は考えます。「読めなくなっちゃったよね」「忙しいからね」「余裕ないしね」「俺、ダメだよね」「いやいや、時代が悪いよね」などと嘆くのではなく、肯定も否定もせずに〝いま〟を認め、「より読めるようになるためには、そこからどう進んでいけばいいか」を模索し、いろいろなことを試してみるべきだということです。

本書の根底にあるそうした考え方については、もしかしたら「理想論的だ」「自己啓発的だ」というような意見も出てくるかもしれません。しかし、理想論であったとしても自己啓発っぽかったとしても、問題はそういうことではなく、あの手この手を尽くして少しでも「理想の読書」に近づく努力をしてみることなのではないでしょうか。それがうまくいくとは限りませんが、それでも本が好きならば、その労力は少なくとも苦しいものにはならないはずです。

読書にルールはない

ちなみに私には、「できないということは、できるようになる可能性を持っていることだ」

という持論があります。そして、これは読書にもあてはまります。すなわち「読めない」ということは、「読めるようになれる可能性」を持っているということです。「読めない」負い目がまず目の前にあるのなら、そこから先の読書がつらくなったとしても当然です。けれど、「これから読めるようになるかもしれない」と考えれば、（たとえそうなれなかったとしても）当面の希望は維持できるはず。そっちのほうが、ずっと建設的なのではないでしょうか。

ここで、あらためて考えておきたい、そして意識しておきたいことがひとつあります。それは、「読書にルールはない」ということ。そんなの当たり前ですよね。ルールがあっただなんて、考えたことすらないという方もいらっしゃるかと思います。そう、たしかにルールはないのです。しかし私たちの多くは現実問題として、知らず知らずのうちに、あるはずのない読書ルール（のようなもの）に縛られているように思えます。「速く読まなければいけない」「きちんと最後まで読破しなければいけない」「読んだ内容はしっかり記憶しなければいけない」などがまさにそれ。

私がことあるごとにこの部分を強調しているのは、自身がそういうことに悩まされ、やがてその悩みには意味がないことに気づいたからです。その結果、それは本当の意味で健全に読書をしていくうえで、面倒な障害になりかねないと感じています。そこで、よりよい読書のあり方にたどりつくために、取り急ぎ、ルール（だと思われているもの、あるいは信じているもの）をとっぱらってみることを強くおすすめします。そんなことに縛られていたところでなにも解決しませんし、むしろ読書時間を削がれるだけなのですから。

読書のルールみたいなものが〝なんとなく〟できあがってしまうのは、読書がうまくいかないことで悩む人が多いからなのでしょう。しかし読書に限らず、「〜でなければいけない」という決まりごと（のように見えるもの）にはたいてい意味がありません。冷静になって考えてみればわかることですが、ルールなどないのです。もしあるとすれば、それは自分自身の内部だけにひっそりと存在するものであり、少なくとも他人と共有できるものではないはずです。「速く読まなければいけない」という意見はごもっともかもしれませんが、遅く読むほうが向いている人だっているに決まっているのですから。

同じように、「きちんと最後まで読破しなければいけない」はずもなく、むしろそういう狭い考え方が読書を窮屈なものにしてしまうと考えたほうがいいと思います。「読んだ内容はしっかり記憶しなければいけない」なんてこともなく、〝覚えるべきこと〟は覚えたくなくても記憶に残るもの。

これらはよくある「〜でなければいけない」に対する反論ですが、こうして確認していただいても、考え方はいろいろであることがおわかりいただけるのではないでしょうか。なにをするにしてもあれこれ持論を押しつけてくる人はいるものですが、偏った意見に翻弄される時間など私たちにはありません。したがって、（あるはずのない）ルールは極力排除していくべきです。

大切なのは好奇心

１９０８年に米ミシシッピ州で生まれたリチャード・ライトは、激しい人種差別を受けながら育ち、思春期のころ文学に目覚めた黒人作家です。19歳のときシカゴに出て、さまざまな仕事をしながら文章と向き合い続けたという人物です。

そんな彼が１９４５年に著した『ブラック・ボーイ』は、南部の過酷な状況下で育った気性の荒い少年の成長を描いた自伝的小説。初版から80年近くを経たいま読んでも強い説得力を投げかけてくれるこの作品のなかに、印象的な部分があります。

学校に上がる前の幼児期、近所の小学生が放り出していた教科書のページをめくり、初めて活字に触れたときの話。その際に好奇心が芽生え、本を読みたいという欲求が生まれたというのです。そこで年上の小学生たちに、そこに書いてあることを質問しまくったのだとか。

間もなく、ぼくは、目にふれる子供の本は、たいていひろい読みできるようになった。僕の頭の中には、自分の周囲に起っているできごとに対する、身を焼くような好奇心が芽生え、一日のつらい仕事を終えて帰ってきた母をつかまえると、その日、表で聞いたことについて、根ほり葉ほり問いただすものだから、しまいに母は、返事をしてくれなくなったくらいだった。（『ブラック・ボーイ』野崎孝訳、岩波文庫）

いかにもライトの原点というべき部分ですが、ここで明らかにされている好奇心のあり方は、のちに黒人文学の先駆者的存在として名を残すことになる彼のみならず、すべての人にあてはまることではないかと感じます。もちろん、環境やきっかけは人それぞれ違いますけれど、それでも初めて活字に触れ、なんらかの新鮮な思いにかられた経験は誰にでもあるはずです。ことの大小ではなく、ましてやライトのように将来、文筆の世界で成功するかどうかではなく、個々人のなかに小さな記憶が残されているということ。そのこと自体に大きな意味があるはずだと、私は信じてやみません。

大人になるにつれ、いろいろな知識や情報が入ってくるようになりますから、ともすればそれらの影響を受けてしまいがちです。知識が増えれば批判欲も高まっていくため、かつては夢中になっていたもののことを「あんなの幼稚だよな」というように否定することになるケースも少なくないでしょう。また現実問題として、社会に出て働くようになり、その渦中でさまざまな情報を受け止めざるを得ないようになれば、本を読むこと自体から離れていっても不思議ではありません。というより、それは当然すぎることであるともいえるでしょう。

もちろん、自分はそれでかまわないというのであれば、それもまたひとつの考え方ではあります。けれど、多少なりとも「また本を読めるようになりたい」「本からなにかを吸収したい」という欲求があるのであれば、自分自身の記憶の端っこで眠り続けているであろう「過去の記憶」を呼び戻してみてほしいのです。

大人となったいま、子どものころの純粋さをそのまま再現することは難しいかもしれません。しかし当時のことを思い出すことによって、「あのときはこうしていたな」「あのころは、こんな気持ちで本と向き合っていたっけ」という記憶が蘇ってくるはずです。それらはきっと、「いまの読書」に対する気持ちを心地よく刺激してくれるでしょう。

大切なのは好奇心。私もつねに意識していることです。仕事柄、好きか嫌いかにかかわらず「読まなければならない本」のほうが多いのですが、「読まなければならないだけだから」と否定的に考えるのではなく、子どものころを思い出しながら「もしかしたら、予想以上におもしろいことが書いてあるかもしれない」と考えると、それだけで新鮮な気分になってくるからです。

なぜ知的好奇心が必要なのか

そう考えるからこそ、本が読めなくなったという悩みを抱えた方は、いまこそ好奇心の重要性に立ち返ってみるべきだと私は思います。大人の尺度で捉えてみれば、「子どもじゃあるまいし、いまさら好奇心だなんて……」と思いたくなるかもしれません。

しかし、それは違います。自分では気づかないうちに好奇心を持っているからこそ、「本を読みたい」と願うのです。昔のようにうまく読めないことで悩んでしまうことがその証拠です。読みたいのは、なんらかの好奇心があるから。にもかかわらず、昔のように読めない——好奇心を活用しきれない——からモヤモヤしてしまうということ。ですから、いまこそ好奇心が自分の内部にあることを認め、それを前向きに捉えるべきです。

さらにいえば、もうひとつ意識するべきポイントは、現在の自分のなかにある好奇心の現在形です。つまり、いま目の前にある好奇心は、子どものころに抱いていたそれとは少しばかり性格が違い、好奇心は好奇心でも「知的好奇心」というべきものなのです。

いうまでもなく知的好奇心とは、自分が興味や関心を持ったことについて、もっと深く知りたいと思う気持ちです。子どものように「わー、すごい」と喜ぶだけではなく、「これに興味があるから、もうちょっと知りたい」と思うからこそ、人は本を読みたくなるということです。

いや、自分のこととして考えてみると、そこまでポジティブではないかもしれません。少なくとも私の場合は、「もうちょっと知りたい」というよりも、「自分はあまりにも知識が少なすぎる」という思いがつねにあり、それが〝次の読書〟へとつながっていっているように思えるのです。でも、それはよいことでもあるとも考えています。

なお、このことが気になったため、いくつかの書籍をあたってみたところ、昭和48年（1973年）の春に初版が出た『知的好奇心』（波多野誼余夫／稲垣佳世子著、中公新書）のなかに興味深い一節を見つけました。ちなみに本書は、「人間は生まれつき積極的に情報的交渉を求める旺盛な知的好奇心を持っており、それが人間らしく生きるための原動力である」ことを証明するために書かれたようです。

たしかにわれわれは、自分の知識が不十分であると知らされると、なんとかその空白を埋めようとする。これはある程度の「緊張」をともなうものである。けれど、だからといって、「不健全な緊張」を取り除くためにイヤイヤやっているという説明では、どうも合点がいかない。

つまり、たしかにそれは「緊張」なのかもしれないけれども、むしろ「適度の緊張」は〝快〟である。だから、人は学ぼうとする。もちろん本を読むことも、そうした「学び」の手段のひとつであるということです。なお、『知的好奇心』ではこのことを、「好奇心と向上心」に結びつけています。つまり、私たちが抱く好奇心は、より成長したいという向上心と強く関連しているということです。

好奇心と向上心とは、密接に結びついていることが多い。向上心とは、要するに、外界との交渉における自分の有能さを追求する傾向だ、といえよう。よい成績をとりたいとか、給料をあげてほしいから、という理由からでなくて、われわれは、自分の能力を精いっぱい発揮し、それをさらにのばしていこうとする「内在的」な傾向を持っている、と考えられないだろうか。

もちろん、堅苦しく考える必要はないでしょう。しかし、そう考えてみると、忘れてしまいがちな知的好奇心の存在をあらためて意識することができるはず。そこで、その気持ちを大切にしながらよりよく伸ばし、理想的な読書のあり方へとつないでいくべきなのではないでしょうか。もしかしたら、それが読書習慣の改善につながるかもしれませんし、そう考えて臨んだほうが建設的であることは間違いないのですから。

第2章

読書の原点

アンチ速読

読書について語る際、「速読」が話題に上ることがあります。いうまでもなく速読とは、「より短い時間内に、より速く読む」こと。平たくいえば、深く読むことよりも速く読むことを重視するという考え方です。

そこに普遍的なニーズがあることは、書店に「速読術」のたぐいの本がたくさん並んでいるところからも明らかです。見方を変えれば、「速く読まなければいけない」という義務感のようなものを持っている方が、それだけ多いということでもあるのでしょう。だから、速く読むことをよしとするスタンスや、それを実践している人たちの姿が〝読めない悩み〟を抱えている人を刺激することになるのです。

もちろん考え方の問題ですから、本人が納得しているのであれば、それはそれで問題はないでしょう。とやかくいう権利など私にはありません。けれど、仮に自分自身の問題として考えるのであれば、私ははっきりと速読に対してアンチの姿勢をとります。簡単な話で、自分の読書人生において、そのようなスタイルが有効であるとは考えられないからです。

本屋の棚をながめると、おもしろそうな本がたくさんあり、書評を見ると、必読の書とまでは書いてないとしても、どの本もよさそうなことが書いてあります。もし、なにかの題目について参考書を調べようとすれば、とにかく何十冊かの本がその題目について出ているでしょう。そこでたくさんの本を、なるべくはやく読みあげたいという気になるのは当然です。しかも現代の都会の生活には、速さに対する一種の信仰のようなものがあって、だれも彼も忙しく、なにかに追いまくられているように先を急いでいます。その二つが重なって、もし読書法というものがあるとすれば、それは速読法にほかならないという通念さえ生まれかねません。しかし何事によらず、絶えずこれほど急ぐ必要があるのかどうか。

文芸評論家・作家の加藤周一氏は『読書術』のなかでこう述べていますが、私もまさに同意見です。ちなみに現在は岩波現代文庫に入っている同書は、もともと『頭の回転をよくする読書術』という名で光文社から１９６２年に発売されたベストセラー。60年以上前に書かれたものであるにもかかわらず、当時すでに、現代人と同じような思いを抱えていたというのはとても興味深いところです。

いずれにせよ、速読術については過去も現在もさまざまな思いがあるわけです。とはいえもちろん、仕事のために斜め読みをすることなら私にだってあります。書評家という立場上、たくさんの本を読まなければならないからです。

けれども時間はつねに限られているので、「じっくり読む時間はないけれど、概要は把握しなければいけない」という場合には、全体の流れを把握したり、著者の考え方を理解することなどを目的として「ざっくりと読む」ことになります。長年続けていることなので、いわゆる「斜め読み」のコツもそれなりにつかめてはいます。

ところで、そんな斜め読みと速読には「なるべく時間をかけない」という共通点がありますす。そのため混同されることもあるように思いますが、両者には根本的な部分で違いがあります。

斜め読みの目的は内容を「把握すること、理解すること」であり、余計な時間を省くことは、それを実現するための手段です。もしもその目的が達成できないのであれば、その斜め読みには意味がないと考えることもできるでしょう。

一方、速読の目的はいうまでもなく速さです。つまりは内容を把握することよりも、時間を短縮すること＝速さが目的化しているということです。そう考えてみると、両者の違いがおわかりいただけるのではないかと思います。

繰り返しになりますが、速読を真っ向から否定するわけではありません。しかし、目的という部分に焦点を当てて考えた場合、そして本を読むという行為にフォーカスしてみた場合、個人的にはやはり納得できない部分があります。なにしろ斜め読みをするのは、時間がなく、そうするより仕方がないからにすぎないのですから。

速読志向は「資格マニア」と同じ

世の中には、「資格マニア」という人たちがいらっしゃいます。さまざまな資格試験に挑戦し、より多くの資格を取得しようと努力を続けている方々です。仕事をしながら資格取得のための勉強を続けることは大変だと思うので、「自分だったら絶対にできないだろうなー」とも思うのですが、資格マニアの方々はきっと、そういう努力がお好きなのだろうと感じます。いいかたを変えれば、「○○をするために資格が必要だから、そのために勉強する」というよりは、「資格を取るために勉強する」というニュアンスが強いのではないかということ。すべての方がそうだとはいいませんが、もしかしたら目的のベクトルが違っている人が多いのかもしれないということですね。いくぶん主観的ではありますが。

ともあれ、同じことは、いわゆる「速読マニア」の方にもあてはまるのではないかと感じています。その名のとおり、本を速く読むことに尽力している人たち。特徴的なのは、「内容をなるべく短時間で把握したいから」ではなく、「読書時間記録を縮めたいから」速読をしているという点です。つまり、資格マニアの目的が「資格を取ること」であるように、速読マニアの方の目的は「時間を短縮すること」であるというわけです。

何度もいうように本人の問題なのですから否定する気はありませんが、少なくとも私は、そこにちょっとばかり違和感を覚えてしまいます。そこからは、いちばん大切なこと、すなわち、感動したり、充実感を得るなど、「本を読む喜び」が欠如しているように思えるからです。

もちろん、速く読めるに越したことはありません。しかし、もしもその本からなにかを得たいという思いがあるのであれば、速さにこだわりすぎてしまうのは本末転倒なのではないでしょうか。そもそも読書家と速読マニアは、近しい立場にありながらまったく別の立場にあると考えるべきなのかもしれません。本を読むこと自体に喜びを感じるのが読書家である一方、速読マニアの目指すべきものは速さなのですから。もしも速く読むことよりもなにかを得ることを重視したいのであれば、速読はマニアの方にお任せしておいたほうがいいような気がします。

人間が一生の間に読める本の数など、ほんとに限られた数でしかない。仮に七十歳までに読める本の数を計算してみるとする。一応十歳くらいから本らしきものを読むと考えれば六十年間。一日に一冊ずつ読むという驚異的な読書家がいたとしても、七十歳までに読む本の数は二万一千九百冊でしかない。（「読書家・読書人になれない者の読書論」大岡信）

これは、岩波書店が販促のために発売したエッセイ集『読書のすすめ』に収録されている大岡信氏の文章。一日に一冊ずつ読む人が驚異的な読書家といえるのかどうかはわかりませんが、少なくともこれは納得のいく考え方であり、こういわれると「ただただ速く読む」ことに疑問を感じずにはいられなくなってくるのではないでしょうか。

子どものころを思い出してみよう

読書が人を引きつけるのは、「本を読む喜び」がそこにあるからです。感動的なストーリーに出会いたいとか、共感を得たいとか、知識をつけたいなど、当然ながら目的や、どこに重きを置くべきかについての考え方は人それぞれ異なるでしょう。それに、そういった考え方について日常的に思いを巡らせる機会は、現実的に少ないかもしれません。

しかし目的がなんであれ、誰もが持つ根っこの部分には「本を読む喜び」がきっとあるはずです。逆から考えてみれば、「本を読む喜び」という球根のようなものがまずあって、それが感動や共感、知識などの花を咲かせるようなイメージです。花が咲けばうれしいし、だから、花を咲かせたいと球根を栽培したりする。つまるところ読書とは、そういうものなのではないでしょうか。

そして、そのことを踏まえたうえで、本を読みたいという気持ちをお持ちの方には「子どものころの読書体験」を思い出していただきたいと強く思います。「球根の話から、どうしてそっちに話が進むんだよ?」と思われるでしょうか。でも、大いに関係があります。

表紙に視線を向けたとき、ページを開いたとき、文字を追っていこうとするときなど、子どものころは本と向き合うと、多少なりとも気持ちが高まったのではないかと思います。あのころはいろいろな意味でまっさらだったのですから、それは当然の話です。大人にくらべれば知識も少なく、「こんな本は意味ないぜ」というような冷めた価値観も持っていなかったからこそ、純粋な気持ちのまま本の世界に入り込んでいけたのでしょう。つまりそれは、好奇心に押されて球根を育てるようなもの。「この球根を育てることに、はたして意味があるのだろうか?」などと余計なことを考えず、純粋に向き合ったからこそ、球根もどんどん成長していったわけです。読書にも、まったく同じことがあてはまるのです。

ところが大人になると、当然のことながらいろいろな知識がついてきます。かつては夢中になっていたものを批判的に捉えたりするようになるのは、おそらくそのせいです。ましてや社会に出ると時間的な余裕もなくなってくるので、「本なんか読んでらんねー」と感じるようになるということも考えられます。しかし、少なくとも子どものころに夢中で本を読んだ経験のある方なら、その段階で違和感を覚えるかもしれません。それはきっと、「あのころは読めたのにな」という漠然とした記憶が脳裏に残っているからです。

つまり、大人になったいま、「読めない」ことでモヤモヤを感じている人は、まだ当時の記憶を残しているからこそモヤモヤするのです。

では、どうしたらいいのか？

簡単な話です。あのころを思い出し、それに近づいてみようとしてみればいいのです。もちろん大人が子どもの感性へと完全に立ち返ることはできませんが、それでも当時の感性の何割かを引き出してみることはできるはずです。そうした記憶のひとかけらが再現されれば、現在の読書にまつわる状況は少しずつ変わっていくことになるのではないかと思います。

本は特別なものだった

では、仮に子どものころの読書体験を一割しか再現できないのだとしたら、どの一割に着目すればよいのでしょうか。それはまさしく「本を読む喜び」にほかなりません。そして、「本を読む喜び」というぼんやりとした部分に焦点を当て、その中心部分にフォーカスしていけば、やがて中心部に見えてくるものが「好奇心」。きっと、それこそが、いま再現するべき重要な核です。

「なんだ、そんなことかよ。くだらない」と思われる方もいらっしゃるかもしれませんが、だとすればそれは、その方が大人になった証拠です。大人になり、いつの間にか子どものころに持っていたはずの純粋性を失ってしまったからこそ、くだらないと感じるのです。

たしかに大人の感覚からすれば、好奇心を持とうという考え方はどこか甘ったるく、取るに足らないものかもしれません。けれど忘れるべきでないのは、いまそう感じている方も、子どものころにはおそらく好奇心を持っていたに違いないということです。当時の自分が本の世界に入り込めていたのであれば、それは好奇心が成し得たことでもあったのです。なのにいま、多くの人はそれを忘れてしまったわけです。そのため、「昔は読めたのになあ……」と、読めなくなってしまった理由を見つけられないまま悶々としてしまうのです。

そう信じて疑わないからこそ、子どものころ、本に対して抱いた思いに立ち戻っていただきたいと私は強く思います。記憶の一割を再現できれば、読書はいまより楽しいものになるはずなのですから。

なお、子どものころ本に対して抱いていた、ことばにしづらい〝特別感〟を再現してみることもまた重要だと思います。

たとえば親に連れられて書店に足を踏み入れたとき、四方に広がる本の山に圧倒されませんでしたか?

積み上げられたさまざまな本の表紙や、棚に並ぶ色とりどりの背表紙を眺めているだけで、なんとなくワクワクしませんでしたか？

一冊の本を買ってもらえたとき、家に帰ってそれを読むのが楽しみだと感じませんでしたか？

例はまだまだ挙げられるでしょうけれど、そうしたなにげない、ほんの小さな出来事に感情を刺激されたことは誰にでもあるはずです。しかし、大人になったから忘れてしまっただけの話で、それは子どもだけの特権ではありません。そして視点を変えてみれば、大人であってもそこに立ち戻ることはできるということに気づくでしょう。なのに、立ち戻れることに気づかないままでいるから、多くの人が「読めない壁」の前で立ち往生してしまうわけです。

表紙をめくる感覚、紙の触感、匂い

子どものころ、誕生日などの〝特別な日〟に、ちょっと高級な雰囲気の本を買ってもらい、いつもとは違う気分になったりした経験はないでしょうか。

たとえば、岩波書店から出ているミヒャエル・エンデ『はてしない物語』や『モモ』のハードカバー版とか。毎月楽しみにしている「コロコロコミック」みたいな漫画雑誌も捨てがたいでしょうが（私の時代は「少年マガジン」でしたけど）、そういった、たまにしか買ってもらえない〝特別な本〟には、「この本は大切にしよう」と思わずにいられない強烈な存在感があったように思います。

そして、ゆっくり表紙を開いてみると、かすかに紙やインクの匂いが届き、ページをめくれば指先に紙の質感が伝わる。活字を追っていくうちに、どんどん物語の世界に引き込まれていく。気がつけばずいぶん時間が経っていて、でも、読み終わるまでにはまだまだ時間がかかりそうな気がする。そこで、「きょうはここまで」と決めてしおりを挟み、静かに本を閉じる。手の込んだ装丁をあらためて眺めていたら、明日また読もうと心が弾む——。

程度の差こそあれ、似たような経験は誰にでもあるのではないでしょうか。大切なのはその部分です。少なくとも「ストレスを感じることなく本を読みたい」という思いがあるのであれば、いまこそ、あのころの自分を刺激してやまなかった純粋性を思い出してみるべきではないかと私は思います。「小学生のころは、本を読むたびにワクワクしていたよなあ」などと記憶を蘇らせてみれば、きっとその感覚を〝いまの読書〟のために生かせるはずなのですから。

でも、大人になってからは、本を読もうとするときに余計なことはあまり考えないのではないかと思います。なにも考えずにページを開き、あるいは仕事のことを考えながら、ただ機械的に活字を目で追って……という具合に。しかし、そこであらためて五感を意識してみるのです。具体的にいえば、新しい本と向き合ったとき、紙の匂いや触感など、もうずいぶん前に忘れてしまった感覚を呼び戻してみるのです。そうすれば、「ああ、本ってこういう感じだったな」と忘れかけていたことを意識しなおすことができるかもしれませんし、「昔はこの質感が好きだったな」というように過去の自分の本との向き合い方を思い出すかもしれません。そういった些細な感覚や記憶が、年齢を重ねたいま現在の本との向き合い方をあらためて再認識させてくれるはずです。それはデジタルツールでは再現不可能なことであり、だからこそ本を読むことの特別感と再会することができるわけです。

13歳のときの気持ちを思い出し、そこに立ち返る

私のもの書きとしての原点は音楽ライターだったのですが（いまでもやめたわけではなく、細々と続けてはいますが）、その当初から主張し続けてきたことがあります。それは、「13歳

のときの気持ちを忘れるべきではない」ということ。

ちょっとわかりにくい表現かもしれませんが、思春期の入り口である13歳は、感性を育んでいくうえで非常に重要な時期だと思うのです。多くの場合、それは音楽に興味が出てくるタイミングですが、当然ながらまだ知識は乏しいはず。でも、むしろ余計な知識や情報を持たないからこそ、その音楽の重要な部分を敏感に感じ取ることができたのではないか——。そう強く感じるわけです。少し前、「10代のころに聴いていた音楽が生涯にわたって影響を与える」というトピックがインターネットで紹介されたことがありましたが、いまさら騒ぐまでもなく、それは当たり前すぎることだと感じます。10代、とくに13〜14歳のころは、なにしろ多感な時期ですからね。

そして、まったく同じことは読書にもあてはまります。なにしろ知識がないのですから、本に興味を抱いたとしても指針のようなものは存在しません。「あれを読め、これを読め」と〃指示〃してくる大人はいるかもしれませんけれど、とりわけ思春期の子どもに、そういう人の押しつけは響いてこないものです。

そのため、おもしろそうなものを自分で見つけるしかない。その作業が楽しいわけですが、興味だけを基準としながら手当たり次第にあれこれ読んでいくと、結果的にそれは〃乱読〃

と呼ばれる状態になると思います。

でも、それでいいのです。後述するように乱読は否定的に捉えられがちですが、そうやって無垢な状態でいろいろな作品に触れてこそ、のちの人間形成によい影響がもたらされるのですから。

したがって、もしなんらかの興味を持ったのであれば、なんでもかんでも読んでみるべきです。その際には、13歳くらいのときに読んで新鮮に感じた本のことを思い出し、その当時の感性を呼び戻してみるといいと思います。もちろん思春期の感性を完璧に再現することなどできませんが、そうやって記憶の断片を引っ張り出してくるだけでも相応の効果は見込めると思います。それに、なにより読書がより楽しいものになると思います。

子供のころ本を読んでいて、ページが残り少なくなると、寂しくなった。惜しみ惜しみ、少しずつ読んだ。どれほどたくさん読んでも、決してページが尽きない書物があったら、どんなに幸せなことだろう、と考えた。大人になっても、つい厚い本に目が行く。

作家であり、かつては古書店主でもあった出久根達郎氏は、『本の背中　本の顔』（河出文庫）にこう記しています。子ども時代の読書体験がのちの人生に大きな影響を与えることを、この文章は見事にいい表しています。

あえて読書に時間を割く意義

少し前に、「デジタルツールでは再現不可能」と書きました。じつをいうと無意識で書いたのですが、とはいえそれこそが本の、そして読書の意義なのではないかとも感じています。いまはインターネットを通じて必要な情報がすぐ手に入る時代であり、それはそれで有意義なことだと思います。が、それでも、本を読むことには〝デジタルでは再現できないなにか〟が間違いなくあるはずです。だから、あえて読書に時間を割く意義について考えなおすべきなのではないかとも思います。

もちろんそれは、デジタルカルチャーを否定するという意味ではありませんし、そんなことは考えたことすらありません。なにせ私自身が、日常的にデジタルツールの恩恵にあずかっているのですから。なにかのトラブルでネットがつながらなくなると、「仕事ができない」と異常なくらいに焦ってしまいますし、iPhone がフリーズしたときなどもまたしかり。それほど「デジタルなしには生きられない」わけですが、そんな状況下にあるからこそ、あえて提案したいのです。デジタル中心の日常と読書が共存するライフスタイルを。

　数年前、「デジタルデトックス」ということばが取り沙汰されたことがありました。それは「きょうは夕方までスマホもパソコンも見ない」というように、デジタルツールと意識的に距離を置き、ストレスを軽減しようという試みでした。疑問を挟むまでもなく、それ自体はとてもよいことだと思います。私にはできそうもありませんが、とはいえデジタルにどっぷり浸かっていると、無意識のうちに疲弊してしまうものなのですから。

　しかし、デジタルデトックスについてはひとつ不備があるようにも感じます。「iPhoneをしまっておこう」というような提案はされるものの、「では、空いた時間になにをすべきか」について具体的な言及がなされる機会は意外と少ないように思えるのです。デジタルツールなしでは生活できないのだから、デトックスを試みたと同時にやることがなくなるのは当然の話です。そのため、「なにをしたらいいのかわからない」という状態になってしまう可能性が大いにあるわけです。

　そこで、読書です。時間ができたのだから、しかもやることがないのだから、その時間を読書にあててみる。そうすれば、デジタルデトックス効果もさらに高まるのではないでしょうか。また同時に、本を読むことの大切さもあらためて実感できるのではないかと思います。

でも、本は特別じゃない

ただ、もしかしたらこのような考えは、「読書は崇高なものだ」というようなイメージを必要以上に肥大化させてしまうかもしれません。事実、読書について「頭のいい人が好む行為」というような見方をする人は、少なからず存在します。いささか極論めいていますし、そこまで偏った考え方をする人は限定されているのかもしれませんが、それでも、「読書なんて、自分とは関係のない人たちがするもの」というように感じている人は、少ないながらも存在している可能性があるわけです。しかしそれは、そういう人たちの責任ではなく、知らず知らずのうちに読書を気高《けだか》いものであるかのように扱ってきた社会の責任なのではないでしょうか。

たしかに、本を読めば読んだだけ知識は増えていきますし、感受性や物事への柔軟性を養うこともできるでしょう。他にもメリットはいろいろありますが、だからといって本は、そして本を読むという行為は「特別」なことではありません。また、本をたくさん読んでいるからといって偉いわけでもありません。むしろそれは、「いろいろなものを得ることのできる日常生活の一部」という程度に捉えるべきです。選ばれた人たちにだけ与えられた特権的な行為ではなく、ご飯を食べたり、寝転んでくつろいだり、というようなことと同等であるべきものだということです。

あるいは音楽を聴くことと同じように日常生活のなかに組み込めば、生活の質が向上するものだと考えることもできるでしょう。いずれにせよ、その程度の気楽さで捉えるべきものであるはずですし、それ以上であってはならないのだとも思えます。

なぜなら読書は気高いものではなく、単なる日常の一部なのですから。いいかえれば、本は特別なメディアではなく、本でしかない。読書も、本を読むという行為でしかない。なのに、それ以上の価値を求めようとするから、面倒なものだというようなイメージがついてまわるようになってしまうのです。

本を読むなんて、ひつきょう遊びではないか、たかが道楽ではないか、道楽に教訓なんぞ要るもんかといふ気持がわたしにはある。根強くある。おもしろがつて読むからいいので、無理をして勉強したつて詰まらない、ねぢり鉢巻で努力したつて本の妙味は判るまい、といふ気持である。

作家の丸谷才一氏は、自身が編纂《へんさん》を担当した昭和54年発行の読書エッセイ集『ポケットの本　机の本』の冒頭にこう記しています。この文章が50年近くを経てもなお説得力を持つのは、これが読書についての普遍的な考え方であるからなのではないでしょうか？

本との主従関係を修正する

先にも少し触れましたが、高校生のころ、お節介な年上の大学生たちから、音楽についていろいろな考え方を押しつけられたことがあります。「そのアーティストを聴く前に、まずこっちから聴かなければダメだ」というようなやつですね。もちろん勉強にはなり、いくつかの考え方は現在の自分に引き継がれてもいるので感謝はしています。でも、強制はされたくなかったんだよなぁ。

印象的だったのは、そういう人たちがみな判で押したように緊張した面持ちでレコードを扱っていたこと。当時のレコードは高かったので仕方なくもあるのですが、「じゃあ、かけるからね……」と囁《ささや》いてからレコードの両端を両手のひらで支えてターンテーブルにそっと乗せ、「針を落とすから、左右のスピーカーと正三角形になる位置に座ってね」などと指示をしてくる。すると、それから数秒の沈黙を経てスピーカーから音楽が聞こえはじめる……。そんな儀式が毎回繰り返されたのです。

でも、アメリカ文化にかぶれ、「レコードは消耗品である」という価値観に強く共感していた単純な私はそのたび、（心のなかでコッソリと）「バカバカしい……」と思っていました。たしかに当時、レコードはまだ高級品でしたが、それでも先輩がレコードに支配されすぎているように思えてならなかったからです。したがって、その数年後、グランドマスター・フラッシュというニューヨークのＤＪ（ヒップホップ・カルチャーのオリジネーターのひとり）がレコードをゴシゴシとスクラッチしはじめたときには、（また心のなかでコッソリと）「ざまあみろ」と感じたものです。

なぜこんなことを書いているかといえば、本にも同じことがあてはまると思うから。そもそも本は本でしかなく、それ以上でもそれ以下でもないはずです。にもかかわらず、知らず知らずのうちに「本と自分との主従関係」に巻き込まれている方は少なくないのではないでしょうか。

いわば、本の奴隷のような状態になっている（のに、そのことに気づいていない）方が意外と多いということ。奴隷などというと恐ろしく感じますが、たとえばこれまで何度か指摘してきた、①「読書の時間をつくれない」、②「読むのが遅い」、③「読んでもすぐに忘れてしまう」という諸問題に悩んでいるのだとすれば、それこそが本の奴隷になっている証拠なのではないでしょうか。払拭できないマイナス要因を自分に課せられたシリアスな問題として抱え込んでしまうから、そういう面倒なことになるのです。

しかし、本はそれほど偉い存在ではありません。読んだり活用したりする権利は、間違いなく読者自身にあるのですから。それどころか、ピンとこない本を「これは自分に合わない」とジャッジすることもまた読者の権利です。

そう考えていくと、①②③の諸問題を解決する糸口が見えてきます。①時間をつくれないなら、少しずつでも時間をつくれるように工夫してみればいい。②読むのが遅いなら、どうしたら速く読めるのかと考えて試行錯誤してみたり、あるいは「読むのが遅い自分」を認めてしまえばいい。③すぐに忘れてしまっても、「そういうものだよ」と流せばいい。それだけの話です。本に支配されなければ、ここまで自由になれます。

読書を理想に近づけることができないと、必要以上にコンプレックスが肥大化していくことになります。そして、それが「自分はダメだ」「自分に能力がないせいだ」という考え方につながってしまう可能性もあるでしょう。でも、そうではないのです。いいか悪いかを決めるのは本ではなく自分なのですから、いまある自分を受け入れるべきだと私は思います。少なくとも、単なるツールでしかない本の奴隷になるなどナンセンス。そこに主従関係は必要ありません。それどころか、むしろ自分が優位に立つべきです。自分のための読書なのですから。

読書は「ワガママ」でいい

読書に対する態度は、と訊ねられたら、自然体ですとでもいって逃げるほかないと思っている。自然体などというと、ちょっと聞こえはいいけれども、要するに確たる原則も哲学もなく、好きな本、読みたい本を読むだけ、ということである。（「我儘な読書」松平千秋）

これも、82ページでご紹介した『読書のすすめ』から。2006年に逝去された古代ギリシア文学者の松平千秋氏による「我儘な読書」というエッセイですが、たまたま読んだときには、思わず「そうそう!」と興奮してしまったものです。なぜなら私は、このエッセイを読むよりも前からずっと、「読書はワガママでいい」と主張し続けてきたからです。なにしろ、自分が優位に立っているのですから、自分の思いどおりでいいのです。

もちろん、自分の好みに従って読む本を選ぶのであれば、好みではない(もしくは相性が悪い)本は読まないということになるでしょう。しかし、そもそも読めないものは読めないのですから、それでいいのだと思います。相性の悪い本を苦労して読んだところで、ただ活字が脳内を通過し、すぐに消えていくだけなのですから。松平氏も、「書物は食物と似たところがあって、食物に好き嫌い、つまり偏食があるように、読書にもいうなれば偏読がある。食物に食わず嫌いがあれば、読書にも読まず嫌いがある」と指摘しています。もしかしたら、数年先にピンとくるかもしれないし、こないかもしれませんが、つまりはそれだけの話。大げさに考える必要はありません。

ちなみにこの文章は、次のように続きます。

偏向は我儘や頑固に起因することが多く、我儘は甘やかされると成長する。私は自分を頑固、頑迷な人間だとは思わないが、我儘であるといわれれば、敢えて否定する気はない。身に覚えがあるからである。（「我儘な読書」松平千秋）

この開きなおり方は、非常に痛快ではないでしょうか。でも、これもまたそれでいい。「甘やかされて伸びるタイプ」という表現もあることですし、ワガママに、自分を甘やかしまくって本と向き合うべきなのです。いやいや読むより、本としてもそのほうが気が楽なのではないかと思います（本に人格はありませんけれど）。

読書にスタイルはない

本の世界は静かである。本は読みたいものしか読めないのである。おもしろくない文章や、気にいらない絵や写真が出てきても、見たくないのなら見ないことが出来るのである。

これは、ジャックスというバンドの中心人物として一時代を築き上げたのち、書店主に転身（1995年に閉店）した早川義夫氏『ぼくは本屋のおやじさん』（晶文社）のなかに出てくる一節です。

「本の世界は静かである」とはいかにも詩的な表現ですが、なんのことはない。これは、著者の書店の向かいにあるレコード屋さんから、同じ曲が大音量で一日に何度も流れてくることに対するイライラについて綴ったものなのです。とはいえ私はこの、なんてことのないちょっとした文章が大好きです。なぜなら、「静かである」に続く文章には、はからずも読書の仕方についての本質が表れているような気がするからです。

何度も指摘しているように、多くの人は読書の〝規則〟に縛られすぎです。「読まなくてはいけない」本は読む必要があるし、「おもしろくない、自分に合わない」と感じたとしても（名作といわれているのだから）「読まなければならない」というように。

しかし、そもそも規則なんてあるはずはありません。あるのだったら、それをつくった人間を連れてきやがれと文句のひとつもいいたいくらいです。いうまでもなく、それはナンセンス以外のなにものでもないのですから。

もしかしたら、一般的な常識（と思われている漠然とした概念）からは外れているかもしれないし、だから「読めない」ことに負い目を感じてしまうかもしれない。けれど本来は、

「本は読みたいものしか読めない」のが当然。「気に入らない」なら、途中で投げ出してもまったくOK。ましてや、まわりの人たちとは読み方やスタイルが違っていたとしても、なんの問題もなし。その読書は自分のためのもので、自分にフィットしたスタイルも自分でつくる、自分で決めるものだからです。

余談になりますが、『ぼくは本屋のおやじさん』のラストには次のような文章が載っています。

　俗にいう、良書と悪書があるとする。しかし、良書を読んでいる人間が必ずしも良い人間だとは限らない。売っている人間も作っている人間も同じことだ。これは、本屋をやっていてつくづく思う。みんな同じ人間であり、同じ本なのである。

これもまた、本についての、読者についての、その他、本に関わるすべての人についての本質だといえるのではないでしょうか。

読書とタイミング

私は青年期のころから、ミニマル・ミュージックと呼ばれる音楽が好きでした。文字どおり、パターン化された最小限の（minimal）音だけで成り立っている反復音楽。反復音楽なんてどれも同じだろうと思われるかもしれませんが、個性も表現方法も多種多様。しかも邪魔にならず、聴き飽きることもないので、仕事中など流していることも少なくありません。

しかし、慣れ親しんでいるはずのミニマル・ミュージックの一部について、以前からモヤモヤとした思いもありました。テリー・ライリーやスティーヴ・ライヒなど慣れ親しんだ作曲家の作品に心惹かれる一方、彼らと同様に第一人者として認知されているフィリップ・グラスの音楽がどうもしっくりこなかったのです。しかも、グラスの音楽はライリーやライヒよりもわかりやすいものであるため（少なくとも私はそう感じています）、しっくりこないはずがない。わからないはずがないのです。私はヒネクレた性格なので、そのわかりやすさが気に入らなかったのかもしれませんけれど。

そういえば、１９８４年に公開された『Koyaanisqatsi』という映画のサウンドトラックは好きだったけど、あれはいくぶん重たさが際立った作風だったし、映画を観たから好きになったという部分もあるしなぁ、という話はともかく、同作を除けば聴こうとトライするたび壁にぶつかってしまうことになってしまったため、もう何十年も敬遠していたのでした。

ところがほんの数年前、たしかフィリップ・グラス・アンサンブルによる1993年の作品『Music in Twelve Parts』をなにげなく聴いてみたときだったと思いますが、なんの前触れもなく「そうか、そういうことか。わかった」という思いが頭のなかにぱっと広がりました。なにがそういうことなのか、さっぱりわからないのですが、とにかく〝わかった〟のです。それは表現しようのない、清々《すがすが》しい感覚でした。そしてそのとき以来、グラスの音楽がフィットするようになり、あらためて聴きなおしてみようと思って現在に至っています。

このように、過去には好きでなかったり理解できなかったりしたものを、ある日を境に肯定的に捉えられるようになるということは、音楽以外でもあります。もちろんそれは、本についてもいえること。10代のころに読んでしっくりこなかったものが、30歳のときに読み返してみたらフィットしたとか、そういうことは往々にしてあるでしょう。ですから、現代詩作家の荒川洋治氏の著作『忘れられる過去』に収録されていた「本を見る」という文章にも強く共感できたのです。

氏はここで、子どものころから本のまわりをうろうろするだけで、読まないことがあったと明かしています。たとえば中学生のころ、叔母の家に揃っていた新潮社の『日本文學全集』を借りはじめたものの、あまり読まず、眺めることのほうが長かったのだとか。時間はたっぷりあったので、やがて作家の顔写真、目次の文字、紙質、函《はこ》の汚れ具合、背文字の印刷の様子などを覚えてしまい、遠くからでも「田宮虎彦だ」「佐多稲子だ」という具合に判別できるようになったというのです。なお、そのあと氏は『日本文學全集』を叔母から譲り受けたものの、それでも読まない巻は読まないままだったそう。


不思議なもので、背中の作家の名前を、三〇年も見ていると、なかみも「わかる」。第一一巻の徳田秋声は、しぶい文豪。若いときに読んでも、真価がわからないと聞いたので読まなかった。四〇代もなかばを過ぎた、ある夜。ふと背中を見たとき、

「ああ、そうか。これが、徳田秋声なのだ」

と思った。なんだか、わかったような気がした。つまり読むときが来たのだ。ぼくにとって本はそういうものだ。いつか身にせまる。強くせまる。そのためにも本があることと、本の空気があることがだいじだ。そこにあるものは、これからもあるということなのである。

まさにおっしゃるとおり。私にとってのフィリップ・グラスがそうであったように、かつてわからなかったものがやがて「わかるようになる」ことはあるものです。しかもそういうことは、音楽よりも本に多いような気がします。

いずれにしても、出会いや共感にはタイミングが大きく関係しています。ですから、ある時期に読んで「これはしっくりこない」と感性が拒否反応を示したときには、一度距離を置いたほうがいい。なぜならしっくりこない以上は、どうやってもしっくりこないのですから。ただし、いつかそれがしっくりくる日が将来的に訪れるかもしれません。もしそうなったとしたら、それがその本と出会うべきタイミングだったということです。

読書と恋愛は同じ

そう考えると、読書と恋愛はちょっと似ているようにも思えます。誰もが認める絶世の美女がいたとしても、自分がその人を好きになるとは限りません。なぜなら、「好きだな」と思える基準は自分のなかにあるものであって、人がどう評価するかはまったく関係ないからです。

しかし、実際につきあってみたら、意外と価値観を共有することができ、思っていた以上にうまくいったということもあるかもしれない。本でも、「これはみんなが騒いでいるベストセラーだから、逆に読みたくないねえ」などと屈折したことを考えていたくせに、読んでみたらハマってしまったというようなことはよくあるものです。

けれども、最初は「こんなに相性がいいなら、もっと早くつきあえばよかった」とウキウキしながら交際を続けていたにもかかわらず、いつの間にか亀裂が入り、「思っていたほど相性はよくなかった」ということになる可能性もあります。これもまた、本との関係に置き換えられます。「最初の数ページを読んだとき、これは自分にピッタリの本だと感じたけれど、読み進めるほどにつらくなって、だんだん苦痛になってきた」とか。そんな場合、結局は相性が悪かったということです。

では、どうすればいいのでしょうか。答えは、「距離を置いてみる」ことだと思います。理由はわからないけどうまくいかなくなってきたカップルが、「一度、距離を置いてみようか」と判断する場合があります。そして数か月とか一年くらいブランクを挟んでみて再会した結果、関係が改善され、「距離を置くことも大切だよね」ということになるかもしれない。

あるいは、「やっぱり無理だったね」となる可能性も否定できない。

本だって同じで、一年後に読み返してみたらしっくりくる本がある一方、どれだけ時間を置いても好きになれない本もあるわけです。相性って、そんなものなのではないでしょうか。

ですから、なにかの本を読んで「しっくりこないな」「相性が悪いな」と感じたら、無理して読み続けるのではなく、思い切って距離を置いてみることがまずは大切。時間が解決してくれることもあるからです。しかし、解決してくれない場合もあるので、その場合はきっぱり見切りをつけるべきです。

自分の読書は自分のもの

先にも触れたように、自分がなにかをしているとき、「それは〜したほうがいいよ」というふうに人がアドバイスしてくることがあります。「こうすればさらによくなるだろう」という思いがあるからこそ助言してくれるのですから、基本的にはありがたいことです。とはいえ厄介なのは、そうした良心はしばしば暴走してしまいがちだということです。しかも、その良心の裏づけとなっているのはその人自身の体験です。視野が限定されているわけですから、そのアドバイスが主観的なものになってしまう可能性は決して低くないでしょう。

「ああ、それを読んでるんだね。おもしろいよね、それ。僕も好きだよ。でも、それが好きなんだったらこれも好きだと思うよ」というような感じでフラットにアプローチしてくれるのであれば、聞く側としても好意的に受け止めることができるでしょう。ところが助言者の考え方に偏りがあったり、必要以上に熱く思いを押しつけてきたりした場合は、ちょっと困ったことになってしまうわけです。

「えっ、それを読んでるの？　だったらこっちも読まなきゃダメだよ」とか、「それを読む前に、まずはこっちでしょ。順序が違うって」みたいな感じで。

そもそも、誰にでも共通する〝ダメな考え方〟や〝あるべき順序〟など存在するはずがありません。そういう意味ではお節介な話なのですが、でも相手はよかれと思ってそうしてくれている。だから困ってしまうわけです。したがってそういう場合には、肯定も否定もせず、穏やかに話を終わらせるしかないと思います。そこで反論をぶつけてみたところでどうにもならない（関係が悪化する可能性もある）のですから。

いずれにしても、穏やかに話を流すために重要なのは、読書に対する自分の考え方をしっかり持っておくことです。なお、この点について私がしばしば強調するのは、前述した「その読書は自分のもの」であるという考え方です。あれを読め、これを読め、そんなのダメだ、これが正しいというように、読書をするなかではさまざまな声が聞こえてきます（これは読書だけにあてはまるものではありませんが）。しかし、自分の意思で読んでいる以上、その読書は自分のもの。

にもかかわらず、そのことを自覚している方は意外に少ないようにも思えます。自分のものであるはずなのに、「この読書法でいいのだろうか」「あの人のいうことが正しいのだろうか」などと余計なことを考えてしまうから、自分の読書に自信が持てなくなってしまうのです。けれども、それは自分のための読書です。他人から間違って見えたとしても、自分自身が満足感や充足感、心地よさなどを感じられるのであれば、自分にとってのその読書は絶対的に正しいということ。そして自分のものである以上、〝なにが正しいか〟を決めるのは自分です。誰がなにを主張しようが、１００人のうちの99人が自分とは違う考え方だったとしても、自分の読書は自分の問題。もちろん助言は助言として冷静に受け止めておくべきですが、必要以上にそれらに惑わされるべきではないのです。

読書はＤＪ――〝その先〟を見据える

音楽にまつわる話題をもうひとつ。私は、１９８０年代中期に機材を購入してＤＪのまねごとをはじめ、90年代には東京のいくつかの主要なクラブで自分のイヴェントを開催してきました。いまは隔月に一度、ＤＪバーでプレイする程度ですが、そんな経験があるせいか、ときどき、「ＤＪと読書経験って、ちょっと似ている部分があるなあ」と感じることがあります。

クラブ・カルチャーに興味がない方からすれば、ＤＪとは、「レコードをキュルキュルこすってる人」とか、デジタル機材が一般化した近年なら「箱みたいなもの（ＤＪコントローラー）をいじったり、両手を大きく広げたりする人」というようなイメージかもしれません。「ただ人の曲をかけてるだけじゃん」みたいな、意地の悪い意見もありますよね。

でも、それはやはりイメージでしかなく、本来のＤＪの役割は「選曲」です。大勢の観客がいるクラブであれ、数人のお客さんがお酒を楽しむＤＪバーであれ、「その〝場〟の状況を感じ取りつつ、その状況に適した音楽を選んでプレイする人」であるということ。つまり、そのためには相応（か、それ以上）の音楽知識が求められます。音楽体験を多く持っている

ＤＪのプレイは魅力的ですし、そういうＤＪの選曲に反応している人たちの姿を見れば、本人もまた幸せな気分になれます。

そして、読書についても似たようなことがいえる気がするのです。もちろん、ＤＪが聴いてくれる人のために行うものである一方、読書は自分のためにするものです。つまり対象は異なっているわけですが、それでもどこかが似ている。

たとえば友人と食事をしているときに「こういう本が読みたいんだよね」という話になったとしましょう。そんなとき、相手の話や表情から察しをつけて、「だったら、○○なんかいいんじゃない？　好きだと思うな」と提案できたとしたらどうでしょう？　もしかしたら、喜んでもらえるかもしれません。もちろん失敗もあるでしょうけれど、いずれにしてもそれは読書経験があるからこそ実現できること。そしてそれは、ＤＪがダンスフロアの状況を確認しながら次の曲を選ぶ感覚と近いように感じるのです。

また、そういうＤＪ的な感覚は自分のこととしても活用できそうです。Ａという本を読み終えたとき、「ここに書かれていることは、以前読んだＢという本にもつながるものがあるな」と感じたとします。そこでＢを棚から引き出して読みなおしてみたら、今度は読んだことのないＣという本が気になってきた——。Ａはビジネス書で、Ｂはエッセイで、Ｃは小説だったけれど、結果的にそれらは自分の感性によってミックスされた。それは、ヒップホップをかけた瞬間に昔のとあるソウル・ミュージックを思い出したからそこにつないでいき、次はまた頭に浮かんだジャズをミックスしていくというようなＤＪプレイにとても近いように思うのです。

そんなふうに考えていくと、読書はさらに魅力的なものに思えるのではないでしょうか。読む本を選ぶときにも、その内容を咀嚼《そしやく》するときにも、自分のセンスを生かすことができるのですから。

それでも読書習慣をつけるべき理由

もうかなり前の話になりますが、タワーレコードが「NO MUSIC, NO LIFE」というコピーを打ち出したとき、少し抵抗を感じたことがあります。「いや、音楽がなくたって生きられるでしょ」って。

なにしろ私の原点は音楽ライターなので、一日24時間音楽を聴き続けているように思われがちでした。でも実際にはそんなことはなく、気がつけば半日ずっとＡＭラジオを聴いていたとか、あるいはなにもかけずに無音で過ごしたとか、そういうこともしょっちゅうありました。

つまり「NO MUSIC, NO LIFE」どころか、まさしく音楽なしでも生きてはいけるという感じだったのです（そう公言もしていました）。でも、だからこそ、音楽があれば、より人生は楽しくなる。単に「音楽がないと生きられない」ではなく、そういう視点で音楽と接したいと思っていたわけです。それからしばらくして、タワレコのいう「NO MUSIC, NO LIFE」が示していたのも、「音楽があれば気持ちや生活が豊かになる」ということであり、つまりは自分の考え方とまったく同じだったということに気づかされたのですが。

話が少し脱線しましたが、同じことは読書にもあてはまると思うのです。考えてみてください。ぶっちゃけ、本がなくても生きてはいけるのではないでしょうか。スマホがあれば時間は潰せますし、場合によってはそのほうが気楽だったりもする。本を読むまでもなく、スマホで検索すればわかることだってたくさんあります。

そう考えると、スマホが消えたときのほうが恐ろしいことになりそうですが、本がなかったとしても、「NO LIFE」になってしまう可能性は著しく低いのです。しかしそれでも、スマホや音楽がある日常の片隅に本があり、少しでもそれを読む時間をつくれるのであれば、やはりそうしたほうがいいと私は思います。「音楽があれば気持ちや生活が豊かになる」のと同じように、「本があれば気持ちや生活が豊かになる」からです。

本が売れなくなり、本を読む人の数が以前よりも減った現代においては、耳に入ってこなくてもいい（入ってくるべきではない）、目に見えなくてもいい（見えるべきではない）情報がいやでも飛び込んできます。すると、無意識のうちに読書に対して消極的になっていくかもしれません。しかし世間がどうであれ、自分の読書は自分と本当のパーソナルな関係の上に成り立っているものです。そして、「読む」「読まれる」というその関係がきちんと機能するのであれば（楽しめたり納得できたりするのであれば）、誰がなんといおうとその読書には絶対的な意味があるはずです。

だからこそ、タワレコの表現を拝借するなら「NO BOOKS, NO LIFE」。本があり、それを読む環境や時間があるのなら、本のない生活よりも間違いなく生活の質は上がる。イマドキの表現を用いるのであれば、ＱＯＬ（Quality of life）が向上する。そう信じて疑わないし、その恩恵をたくさん受けてきたからこそ、私は読書習慣をつけることをおすすめしたいのです。

第3章 読書習慣の方法

「忙しいから読めない」はただの言い訳

本書は読書マニュアルのようなものではありませんが、それでもよりよい読書生活の実現に向けて、自分なりにお伝えしておきたいことはあります。そこでこの章では、読書習慣を身につけるために有効だと私が思う考え方や方法などをご紹介したいと思います。

まず強調しておきたいのは、「忙しいから読めない」という発想をやめること。何度も繰り返してきたように、大人になると本が読めなくなることが少なくありません。そして、そういう状況に置かれた方の多くは、その原因を忙しさに求めようとするものです。社会人になって日々の仕事に忙殺されれば必然的に時間はなくなりますから、それは決して間違いではないでしょう。

とはいえそれは、時間的な余裕がなくなったからという単純な理由だけでまとめられるものではありません。忙しいと、読書をしようという気持ちになりにくいでしょうが、それでも仕事と読書を両立させている人だっているのですから。そう考えれば、（表現は悪いかもしれませんが）「忙しいから」は単なる言い訳にすぎないということになるはずです。

人間は自分を成長させることもできれば、逆に滅ぼすこともできる。（中略）人間は正しい選択をし、自分の思考をフルに生かしていくことによって、全能の神に近づくことができるのである。（中略）その性格を形づくり、支配するのはその人自身なのである。

イギリスの作家ジェームズ・アレンは、『人は考えたとおりの人間になる』（田畑書店）のなかでこう述べています。１９０３年に出版された本書は自己啓発書の先がけといえる一冊であり、したがってその内容も、人としてのあり方や生き方に着目したものになっています。「全能の神」など表現がやや大げさなのはそのためですが、少なくともこの部分は、「読むのか、読まないのか」という考え方にもあてはまるのではないかと思います。

たとえば冒頭の部分は、「人間は読書を通じて自分を成長させることもできれば、逆に言い訳をして読むことをあきらめ、可能性を閉ざすこともできる」と解釈することもできます。少しばかりこじつけっぽくはありますが、読書が主体的な行為である以上、「忙しいから読めない」というようなことをいい出した時点で、可能性は閉ざされてしまうということ。自分が「仕事で疲れて読書なんかできない」と話しているそのとき、どこかの場所には同じような状況下で読書をしている人がいる。生き方はそれぞれですから、どちらが正しいかというような問題ではありませんが、それでも「読める人生」を選択したほうがきっと有意義であるはずです。

スタートラインはテレビを消すこと

学生時代、友人が話していたことが、数十年を経たいまでも記憶の片隅に残っています。地方から上京してひとり暮らしをしていた彼は、「アパートに戻るとまず最初にテレビをつける」といったのです。とくに見たい番組があるわけではないけれど、「人の声がしてるだけで安心するんだよね」というのがその理由でした。

なるほどなあと思ったものですが、人恋しさを感じることこそなかったものの、かくいう私自身にも「気がつけば、見てもいないテレビをつけていた」ことはあったのではないかとそのとき気づきました。インターネットもなかった時代の話ですから、いまはまた事情が違うのかもしれませんが。いずれにせよ、現在でも無目的にテレビをつけている方は相当数いらっしゃる気がします。

ただ、自戒の念を込めていうのですが、そろそろ私たちは見たくもないテレビのために時間を費やすことをやめるべきではないでしょうか。なにしろ、ただでさえ時間は限られているのに、それに輪をかけてあらゆる角度から膨大な情報が飛び込んでくる時代です。そんな状況下でなにをすべきかは各人にとって重要な問題であり、（本当にそれを見たいという場合は別としても）ただ無目的になんとなく、ひな壇に並んで大笑いをしているだけの芸能人を眺めている暇はありません。余計なお世話もはなはだしいともいえますが、少なくとも本書を手に取ってくださった方々は、「なんとか本を読みたい」「本を読む時間を増やしたい」とお考えであるはずです。だからこそ、そういった方にとってのスタートラインはテレビを消すことだと私は思います。

かつての私の友人がそうであったように、テレビをつけることが習慣化しているのだとしたら、なかなかテレビを消すことはできないかもしれません。そうすることで、たとえば「有力かもしれない情報を見逃してしまいそうだ」とか、なにかを失ってしまうような危機感めいたものを感じるかもしれません。しかし、ご安心を。現実問題として、テレビを消したからといって失われるものはそれほど多くないはずです。それよりも、見てもいないテレビのために読書の時間を失うことのほうがずっと深刻な問題です。

私たちに与えられた時間は短い

「人に与えられている時間はみな同じで平等だから」

日々の会話のなかで、そんなフレーズが出てくることがよくあります。しかし現実問題として、「そこから先」に思いを馳せる人は意外と少ないように感じます。つまり、「与えられている時間のなかで、自分にはなにができるか、なにをすべきか」について熟考する人はそれほど多くなく、多忙な日常においてはその機会も少ないのではないかということです。

そして、そこに読書の問題を絡めた場合、「時間がないから読めない」と、読めないことを時間のせいにしている人の多さにも気づくのではないでしょうか。本当は時間がないわけではなく、いや、時間はないのかもしれないけれど、限られた時間を活用できていないだけの話なのに。

人に与えられている時間が限定的なものである以上、それを活用しないことは大きな損失です。逆に、無駄に浪費している時間の何割か（一割でも充分）を読書にあてるとしたら、その何割か分だけ時間を有効に使ったことになるはずです。

もちろん、そこに読書以外のなにか——勉強とか、スポーツとか——をあてはめることもできますが、いずれにしても無駄にするよりは、そうしたなにかのために時間を使ったほうがいい。そこで、勉強やスポーツと同じように、読書を活用するべきなのです。そうすれば少なくとも、無目的にテレビを眺めていたりするよりはずっと時間を有効に使えるのですから。

この毎日の二十四時間を使いこなさなければならない。そこから、健康、余興、金、満足、尊敬を紡ぎ出し、自分の魂を高めなければならない。時間の正しい使い方、最も効果的な使い方を知ることこそ急務なのだ。

イギリスの作家であるアーノルド・ベネットは１９１０年の著作『金より価値ある時間の使い方』（角川文庫、２０２３年）でこのように述べています。

ちなみに原題は『How to Live on 24 Hours a Day』であり、過去には『時を活かす』（創元社、１９５２年）、『自分の時間』（三笠書房、１９８２年）、『人生を豊かにする時間術』（フォーエバー選書、２００５年）というタイトルで邦訳されたこともあるのですが、最新の２０２３年版であるこちらの邦題はずいぶん品のないものになっていますね。

それはともかく、私たちはたしかに、１００年以上前に書かれたこのメッセージをいまこそ真摯《しんし》に受け止めるべきかもしれません。少なくとも、なにも手を打たないまま、ただ時間のなさを嘆いているだけなのであれば。

なおベネットは同書のなかで読書についても触れており、そこでは「自分が進みたい方向を決め、どれほどの努力をするのかを見定めること」「読むだけでなく、考えること」の重要性を説いてもいます。こう主張されると「負担が重すぎる」と感じる方だっていらっしゃるでしょうし、個人的にも、もう少し気持ちを楽にしてもいいのにと感じる部分があります。とはいえ、限られた時間をよりよく使うために、それが最善の策であるというケースも当然あるはずです。つまりは人それぞれだということですが、だからこそ、このメッセージも心にとどめておく価値はあるかもしれません。

一方、１９９２年にベストセラーとなった『ゾウの時間　ネズミの時間』（本川達雄、中公新書）によると、時間は体重の四分の一乗に比例するのだそうです。つまり体重が増えると時間は長くなるということ。

ずっとゆるやかではあるが、体重とともに時間は長くなっていく。つまり大きな動物ほど、何をするにも時間がかかるということだ。動物が違うと、時間の流れる速度が違ってくるものらしい。たとえば体が一〇倍になると、時間は一・八（$10^{\frac{1}{4}}$）倍になる。時間が倍近くかかるのだから、これは動物にとって無視できない問題である。

動物にとっても無視できないでしょうが、ネズミよりはるかに体重の多い人間にとっても大きな問題です。時間の流れが遅いなら、速読をする必要こそなくても、与えられた時間の短さは意識しておくべきかもしれません。

スマホに誘惑されそうになったら

デジタルデトックスを勧める記事などにはほぼ例外なく、「スマホを手の届かない場所に置こう」というようなメッセージが登場します。スマホはいろいろな意味で誘惑に満ちたツールなのですから、そこから距離を置くべきだという考え方はとても理にかなっていると思います。デジタルデトックスしようという場合に限らず、集中したい場合などにも、スマホを1メートル離れた場所に置くというような姿勢はとても大切です。そしてもちろん、同じことは読書をする際の心がまえにもあてはまります。いうまでもなく、スマホは読書の大敵だから。

たとえば電車に乗っていて手持ち無沙汰になったとき、多くの人は無意識のうちにスマホを手に取ってしまうはずです。周囲の人たちがみなそうしていることからもわかるように、スマホは暇を潰すのに最適なツールです。

家で過ごしているときにしても同じで、テレビを観る代わりにスマホを眺めるとか、ひどいときには（いや、よくある話かもしれませんが）テレビを観ながらスマホをいじっているというようなケースもあるのではないでしょうか。私自身も似たようなことをしていることがあるので、充分に納得できる話です。そのため、人ごとのように偉そうなことをいう資格はないのですけれど、少なくとも読書習慣をつけたいというのであれば、スマホの誘惑はできる限り断ち切ったほうがいいと思います。もちろん、非常に難しいことなんですけどね。

そこで試してみていただきたいのは、自分の内部に定着している「当たり前」を排除してみることです。たとえば電車でいつものようにスマホをいじりそうになったら、「きょうは本を読んでみよう」と気持ちを無理にでも切り替え、バッグから本を取り出すのです。

そして、（なかなか気が乗らないとしても）ページをめくって読んでみる。すると、単に

「本が読める」だけではなく、「自分はスマホではなく、本を選んでいる」という事実を通じて自主性を意識できるようになります。当たり前すぎるとはいえ、それはとても大切なことでもあります。「自分の意思でそうしている」のだという思いは、よい意味で自尊心を刺激してくれ、しかもそれを積み重ねていけば自信にもつながっていくからです。

いいかえれば、「周囲がなにをしていようと、自分はあえて本を開く」という判断、そこに大きな意味があるということです。しかも人間は環境に慣れやすくもあるので、最初は気乗りしなかったとしても、何度か繰り返していくうちに、その行為はすぐに無理のない行動になっていきます。そこまでたどりつければ、読書はさらに身近なものになることでしょう。

もちろん、家でくつろいでいるときでも同じです。外であろうが家であろうが、スマホに誘惑されそうになったら、あえて本を手に取る習慣をつけるのです。些細なことではありますが、読書習慣を定着させたいのなら、そういったことを意識し、実践してみる価値はあると思います。

ベッドでスマホを見たくなったら

就寝前、スマホをベッドに持ち込んでしまう方も多いのではないでしょうか。いやいや、これまた人ごとではなく、私もついやってしまいます。「眠くなるまで」などと思いながら、たいして意味のないネットニュースなどを眺めているだけというケースも少なくありません。

でも、「眠くなるまで」ということであるなら、いっそスマホを脇に置いて本を読んでみてはどうでしょう。これは、私自身が「スマホを見ていたら逆に眼が冴えてしまい、結局は時間を浪費してしまった」という失敗を経てたどりついた結論でしかないのですが……。

ついスマホを見てしまいそうなときこそ気持ちを切り替え、本を開いてみるのです。寝っ転がって本を読むのはなかなか快適なので、何度か繰り返してみれば意外と簡単に、習慣をスマホから本へとシフトさせられると思います。それに短時間でも本の世界に入り込んでしまえれば、そろそろ眠ろうかというときにもスマホに手を伸ばそうとは思わないはずです。

なお、私はベッドに本を持ち込む際、意識していることがあります。まず、1冊ではなく2冊か3冊を用意すること。読みかけの本であれば話は別ですが、これから読もうという本がイマイチだった場合、読み進めようという気持ちにならないことがあります。そんなときのために、補欠要員を用意しておくのです。そうすれば、「読もうと思ってたのに読む気になれなくて、結局は眠れなくなってしまった」ということにならずにすみます。

あ、それからベッドで読む本としては文庫本か新書をおすすめします。重たい本だと、うっかり手を滑らせてしまう危険性があるからです。これは冗談でもなんでもなく、とても重要なポイントです。私にも経験がありますが、顔に落下してきた本のおかげで痛い思いをしたら、熟睡どころではなくなってしまうのですから。

昨晩の読書を翌朝に続ける

本を読めない、読む時間がないというようなご相談を受けるたび、私はしばしば「起床直後読書」をおすすめしています。文字にするとなんだか大げさですし、そもそもネーミングがイケてませんが、要するに、起きた直後に本を読みましょうというシンプルなご提案。

といっても起き上がってからではなく、起きる前、すなわち布団のなかでの、5分か10分程度の読書です。読書とはいえないくらい短時間ではあるのですが、これがなかなか快適で、読書習慣をつけるためにも効果的なのです。

メリットとしてまず特筆すべきは、純粋に頭がシャキッとする点。「覚醒直後は頭が冴えているから、集中しなければならない仕事は午前中に取り組むべき」というようなトピックをよく見かけますが、たしかに起きた直後に本を読むと不思議な心地よさがあります。

もちろん私は医者ではありませんから、これはあくまで感覚的な問題ですが、本の内容がすっと頭に入ってくるような感じ。しかも、前の晩に寝る直前まで読んでいた本の続きだったとしたら、なおさらその世界に入り込みやすいような気がします。最適な読書時間に関しては人それぞれ異なると思いますが、ほんの10分程度目を通しただけで、意外なくらいの覚醒効果があるように感じるのです。

なおポイントは、たとえば最初に10分と決めておいたなら、そのリミットをきっちり守ることです。10分経ったときにちょうど本がクライマックスに差しかかっていて、「もっと読み続けたい」と感じたとしても、そこできっぱりやめてみましょう。理由は簡単で、そうすれば必然的に「早く続きを読みたい」という思いが強まるからです。すると、そんな気持ちが次の読書へとつながっていき、出勤途中の電車内とか、昼食後のお昼休みなどの時間を利用して読もうという気になれます。いや、「読みたい」と気になってしまうのです。そこでその感情を、読書の習慣化に向けて利用するわけです。

その際にも「電車が駅に着くまで」とか「始業時刻まで」など、読書を終えるタイミングを設定しておけば、それがまた次の読書時間へと引き継がれていくことになります。「次は帰りの電車で」「その次は夕食後」「一日の終わりにはベッドで」「翌朝はまた起床直後読書」という具合に。そうすれば無理なく、しかも読みかけの本に対する期待感を維持したまま、読書欲を継続していけるはず。また、読み終えたら、その思いは「今度はどんな本を読もうかな」と、次の本への好奇心につながっていくことでしょう。

そうやってサイクルをつくっていけば、無理なく、そしてプロセスを楽しみながら読書習慣を身につけることができるということです。

習慣化の決め手は〝寸止め読書〟

「時間がきたらきっぱりやめる」という方法について、もう少しだけ補足しておきましょう。便宜的に「寸止め読書」と呼んでおきますが（これもまたセンスのないネーミングですね）、これは読書を習慣化するにあたって重要なポイントになります。

それは、あらかじめ決めておいた時間で一度きっぱりとやめることによって、盛り上がりつつあった読書熱を意図的に冷ますということ。冷めてしまっては意味がないと思われそうですが、熱中して読んでいたのであればなおさら、それは理不尽な終わり方だということになります。読み続けたいのだったら読めばいいのですから、当然の話ですよね。

もちろん読み続けるのもひとつの方法ではありますが、いまここでお伝えしようとしているのは、読書を習慣化することです。日常の、たとえば一年のうち一日だけの読書ではなく、毎日続ける行為。すなわち読書を〝点〟ではなく〝線〟として捉えるようになることを目的としているわけです。だから、もっと読み続けたいという思いをあえて抑え、それを次につなげるのです。

また寸止め読書は、「読めない」というモヤモヤを解消してもくれます。日常生活の隙間を利用することによって5分でも10分でも読むことができれば、それは「読める」ということになるのですから。読書時間の長短の問題ではなく、もっと大切な「読んだ」という事実が少しずつ、けれども確実に積み上がっていくのです。それはとても大切なことで、気がつけば読書は日常生活を形成するエレメントのひとつとして確実に定着するはずです。

とりあえず、買ってみる——書店へ

本を読みたいという思いは漠然と抱いているけれど、なにから読みはじめたらいいのかわからなくて、結局は行動に移せないままの状態が続いている——。もしかしたら、そんな方もいらっしゃるかもしれません。

ぶっちゃけ、それは考えすぎでしかないのですけれど、そうはいっても動き出せないのであれば仕方がありませんよね。そこでご提案。本に対する好奇心が多少なりともおありなら、とりあえず近所の書店まで足を運んでみましょう。

どんな本が読みたいかもわからないのに……と思われるかもしれませんが、わからないままでいいのです。いや、わからない状態のほうがいいとすらいえそうです。どんな本を読みたいか、どんな本に興味を惹かれるか、どんな本を買うべきかなどの答えは、すべて書店にあるといっても過言ではないからです。

もちろん、大型店舗でも、商店街の小さな個人経営店でもかまいません。なにを探そうかなどと考えず、とにかくお店に足を踏み入れてみて、目についたところ、気になったところからチェックしてみてください。そうすれば、たとえ無計画だったとしても、必ず好奇心を刺激してくる本を見つけることができるはずです。

というよりも自分と縁のある（ありそうな）本は、向こうから語りかけてくるものなのです。クサい表現ではありますが、これは本当です。したがって、そのメッセージにピンとくるものがあったなら、それを手に取ってみればいい。それだけのこと。当然ながら最初に手にした本が当たりであるとは限らず、中身を確認してみたらあまり魅力を感じなかったということだってあるでしょう。そんなときは、また違う本が発するメッセージをキャッチすればいいだけの話。店内をゆっくり歩きながらそんなことを繰り返していたら、きっと出会うべき運命にあった本と出会うことができます。

なお、書店をチェックする際には、おすすめしたい方法がふたつあります。

まず初級編としての最初は、文庫本売り場（とくに平積みスペース）を見てみること。コンパクトな背表紙が並ぶ棚だけでなく、いろいろな色彩、いろいろなデザインの表紙が平積み展開されたコーナーもまた、見ているだけで楽しくなってくるはず。ですから、「この表紙、いいな」という感じで気になる本が見つかりやすくなります。

そしてもうひとつは、視野を変えてみること。つまり、興味のあるコーナーのみならず、視野に入りにくい場所、つまり自分には縁がないと思い込んでいたコーナーもあえて見てみるのです。「自分には縁がない」ということは思い込みでしかなく、もしかしたらそこに自分好みの本が隠れているかもしれないからです。

そうしてみて気になる本を見つけたら、迷うことなく購入しましょう。気になった、ピンときたということは、なんらかの縁があったということです。もちろん、ときには失敗もあるでしょうが、選択眼は失敗を重ねてこそ養われていくものでもあります。だいいち、一冊の本が失敗だったからといって破産する可能性はきわめて低く、ましてや人生を破壊されるわけでもありません。そういう意味では、気になる本にはどんどんアタックして、どんどん負けるべきだとすらいえるでしょう（勝ち負けの問題ではありませんけれど）。

また、「ジャケ買い」もおすすめ。最近はセンスのいいデザインの本も多く、文庫本の場合はそのコンパクトさもまた魅力的だったりします。ですから、「このデザイン、好きだな」とか「タイトルのフォントがいいな」とか、なにかを感じたのであれば、それは勢いで買ってしまいましょう。見た目に惹かれ、興味を持った以上、その時点で「読もう」という気持ちを後押ししてくれる状況は整っていることになるのですから。なお、いまは文庫本の表紙が飾れる額縁なども売られているので、ジャケ買いするたびに本を入れ替え、表紙を楽しむのもいいかもしれません。

ところで余談になりますが、１９９４年に初版が出た植草甚一氏の『植草甚一の読書誌』（晶文社）に収録されている「本はどのように買うか」において植草氏は、書店には必ずメモ帳とエンピツを持っていこうと提案しています。

ちょいと立ち読みしながら、気に入ったコトバのいいまわしや新しいコトバをみつけたりした時にすかさずメモしておくのです。そうしておいて、友だちとおしゃべりでもしている時に、メモしたコトバをはさんでごらんなさい。つまらないことですがこれをやると友だちのあなたを見る目がかわります。

ついでに新刊コーナーにある気に入った表紙の本のタイトルをメモしておいてください。そうすればあとでこの本は話題になったとか、大げさな宣伝のわりにはつまらなかったとかわかるからです。

巻末の「初出一覧」によると、これは『アンアン』１９７２年7月10日号に掲載されたものなのだとか。いわれてみれば、いかにも若い女性に向けた文章ですが、メモを取るというのは、たしかに心がけとしては悪くはないでしょう。

ただし現代人の場合、「さっとスマホで写真を撮ってしまおう」という発想になりがちかも。それは「デジタル万引き」になってしまう可能性がありますから、やはり思い切って購入してしまうのがいちばんよいかもしれません。

とりあえず、買ってみる——ECサイトへ

飲み会の席などで自分の知らない本の話題が出たとき、そしてそれが気になったなら、私はその場でスマホを取り出してアマゾンにアクセスし、迷わず購入することにしています。

なぜって、本との出会いは一期一会。もしも飲み会がなかったら、その本に出会えなかったかもしれないからです。だいいち知らなかった本なのですから、実際に手にして読んでみたら、それまでの自分にはなかったなんらかの知見を得ることができるかもしれません。

失敗することだってありえますけれど、別にそれでもいいじゃないですか。そう思えるからこそ、翌日もしくは数日後に届くまでは「どんな本なんだろう?」とワクワクした気持ちが続きます。考え方によっては、それだけでもモトがとれたようなもの。

いいかえれば、その読書はスマホでポチッとした瞬間からスタートしているのです。しか

もその楽しさは、本が届いたあとも持続します。アマゾンの茶色いパッケージをビリビリ破って本を取り出し、表紙を開いて目次をチェックし、さらにページをめくって……と。実際に何度もその心地よさを経験しているからこそ、もしも同じように飲み会で知らない本の話題が出たとしたら、その場ですぐに購入することをおすすめします。お酒をもう一杯だけ追加注文したと思えば安いものです。

なお自宅にいるときでも、私は同じようなことをよくします。たとえばテレビ、あるいは新聞記事や広告などで気になる本を見つけたら、やはりすぐスマホを手に取るようにしているのです。仕事柄、読まなければならない本はつねに何冊もあるので、さらに読むべき本を増やすことにもなりますが、だからこそ、できるだけ早く読もうと努力を続けることになります。「積ん読」本の山は一向に低くなってくれないような気もしますが、それがまたモチベーションを高めてくれるので、次に越えるべき目標であると解釈するようにしているわけです。

とりあえず、買ってみる——新古書店へ

世の中には「古書店」と「新古書店」というものが存在することをご存じでしょうか。古書店はともかく、新古書店という呼び名になじみのない方もいらっしゃるかと思いますので、まずはその点をご説明しておきましょう。

まず古書店は、「古本屋さん」と呼ばれて古くから存在する業態。その本の価値を客観的に判断しているため、絶版本だとか初版本など数に限りがあって珍しい本には、必然的に高い値がつけられます（もちろん「高い」という基準も店によってまちまちですが）。また、「美術書に強い」「昭和の文芸書が充実している」など、店によって品揃えにも個性が反映されています。

一方の新古書店とは、ブックオフのような店舗のこと。同じように古本を扱ってはいるものの、こちらは古書店とは大きく異なっています。いちばんの違いは、本の状態を査定基準にしている点。きれいであることが優先されるため、汚れや破損があれば、たとえレア本であっても値段がつきにくいのです。そのため、古書店では高額のついている稀少本が税込み110円で売られていたりすることもあります。

　またブックオフには、店舗によって個性が異なるという特徴もあります。その近辺に住んでいる方が本を売りに来るため、多少なりとも品揃えに地域性が反映されることになるのです。たとえば、他店ではなかなか発見できないような地元の歴史本とか。あるいは、「これは特定の誰かがごっそり処分した本のうちの一部なんだろうな」と想像できる、明らかに古くて個性的な本が見つかることも珍しくありません。古本好きにはたまらない魅力があるわけで、私も地方に行ったときなどには、なるべくその地域のブックオフに足を運ぶようにしています。

　以上が古書店と新古書店との違いですが、「本を買いたいけれど、ハズレたら怖いし、お金を無駄にしたくない」という方は、とりあえず新古書店を利用してみるべきかもしれません。マニア垂涎《すいぜん》の高額本が安価で手に入るだけではなく、110円コーナーも充実しているので、まずはそこから選んでみればいいのです。

　当然のことながら、ベストセラーになった本はたくさん揃っていますし、それ以外にもあらゆるジャンルの本が並んでいますから、興味を持てるものがきっと見つかるはず。しかも110円～数百円なら、結果的にハズレだったとしてもたいした損失にはなりません。そのためチャレンジしやすく、トライ&エラーを重ねていけば、コツがつかめるようになり、当たりを引く回数も増えていくはずです。

とりあえず、買ってみる——古書店へ

利用したことのない方にとって、少なくとも古書店は新古書店よりもハードルが高いお店だといえるかもしれません。専門性が高いなどと聞くと、「知識を持ち合わせていないと自分なんかにはとても……」と感じてしまう可能性もあるでしょう。でも、実際にはそれほど深刻に考える必要はなく、気になったものを手に取ってみればいいだけの話。そういう部分は先述した一般の書店の利用法と似ているわけですが、とはいえ古書店に並んでいる本には、古書にしかない個性を備えた本が少なくありません。

たとえば、現代ではとうてい再現できないような装丁が施されているなど、古書には古書ならではの魅力があります。しかも、それらのどこに魅力を感じるかは人それぞれ。装丁に惹かれる人がいる一方、特定の年代の本を集めたいと感じる人がいたりするということで、楽しみ方に決まりはないわけです。

もちろん歴史的価値のある稀少本などの場合は、そこに精通したマニアが存在していますす

が、そういう「知識のある」人の価値観だけが基準だということではありません。なにを魅力と感じるかの基準は各人のなかにしかないものなので、マニアから見れば無価値なものでも、別の人の目にはとても魅力的なものとして映る可能性もあります。だから、古本探しは楽しいのです。

私も日常的に何軒かの古書店を利用していますが、たとえばそのうちのひとつのお店は店頭の100円均一棚に驚くほどレアな本が出ていたりすることがあり、しかも売れた端から続々と追加されていくので目が離せません。定期的にチェックする必要があり、それが楽しくもあります。

ちなみに私の古本選びの基準は三つあり、まずひとつが装丁の美しさ。それと、もうひとつの基準は「昭和っぽさ」。終戦後から高度経済成長期あたりくらいに出た本に惹かれるので、（それらについても装丁の完成度を意識しつつ）つい手を伸ばしてしまうのです。そして最後の基準は「安いこと」。高額本を収集する楽しさもあるのでしょうけれど、価格の安さもやっぱり重要。自分の価値観に合致した一冊を100円で見つけられたりしたら、少なくとも私にとっては100円以上の価値があるということになります。いいかえれば、埃をかぶった物置小屋のなかから宝石を見つけ出すような感覚です。

と書きながら思ったのですが、もしかしたら古本探しの楽しさには、1980年代後半のミュージック・シーンで盛り上がりを見せた「レア・グルーヴ」に通じるものがあるかもしれません。レア・グルーヴとは、発売当時は評価されずに埋もれていたレコードをDJ的な感覚で掘り（Dig）、新たにダンス・ミュージックとして機能させるという概念。つまりは従来的な価値観に左右されず、かつてはクズ扱いされたようなレコードさえも再評価するということ。その選択基準が、買い手の好みや嗜好に左右される古本選びと似ているように思えるのです。

古本屋歩きは釣りに似たところがある。ヤマメを釣ろうか、フナを釣ろうかと目的をたてることなく歩いていても、たいてい、一歩店のなかへ入っただけで、なんとなくピンとくるものがある。魚のいる、いないが、なんとなくわかるのである。

『開高健ルポルタージュ選集　ずばり東京』（光文社文庫）内の「古書商・頑冥堂主人」からの引用。私は釣りをしませんが、それでもこの表現は非常によくわかります。

まさに、レア・グルーヴをディグる感覚。だからこそ、もしご近所に古書店があるなら、勇気を出してぜひ一度、足を踏み入れてみることをおすすめしたいと思います。そうすればきっと、この感覚がわかるはずだから。そしてその楽しさを知ってしまったら、どんどん奥に進んで行きたくなるかもしれません。

古本にまつわる短文をもうひとつ。2023年3月28日に惜しまれながら世を去った音楽家、坂本龍一氏の自伝『ぼくはあと何回、満月を見るだろう』（新潮社）からの引用です。同書では坂本氏がパソコンやiPhoneに打ち込んでいたという短文が紹介されているのですが、そのなかに、読書家であった坂本氏の古本への思いが綴られています。

（20220923）僕は古書がないと生きていけない／そしてガードレールが好きだ

とりあえず、借りてみる――図書館へ

本は読みたいけどお金は使いたくないとか、買いたい本を実際に買う前に確認しておきたいとか、あるいは純粋に本との距離を縮めたいとか、そんな方々には、図書館を利用してみるという手段もあります。

というより、買いたい人も買いたくない人も、本に少なからず関心があるのであれば、図書館は積極的に活用するべきです。なぜなら図書館には、いくつもの魅力があるからです。

① 借りたい本を借りられる
② 知らない本と出会える
③ 空間を楽しむことができる

もちろん他にもいろいろあるでしょうが、まずはこれらが大きなポイントではないでしょうか。

①に関しては、たとえば私が暮らしている区の図書館では一度に15冊の本を2週間借りられます。探している本を事前に図書館のサイトで検索して予約しておくこともできますし、借りた図書館でなくとも、同じ区内ならどの図書館でも返却できるのでとても便利です。

また、借りたいものがあるわけではなかったとしても、無目的に館内を歩いているだけでいろいろな本と出会うことができます（②）。私もたまたま目についたものを借りることがあるのですが、それらは自分の興味の範疇外にあるものだったりもするので、好奇心の幅が必然的に広がることになります。

そして③。閲覧スペースやソファ、椅子などがふんだんに用意されているため、好きなところに座って読むことができますし、カフェを併設している施設であればお茶や食事を楽しむことも可能。つまり、お金をかけずに一日過ごすこともできるのです。余談ですが、前に図書館のカフェで本を読んでいたら、ア・トライブ・コールド・クエストというおしゃれなヒップホップ・グループの曲が聞こえてきたので、「図書館でこんな曲を聴けるなんて最高だな！」とうれしくなったことがありました。

本を読みたいけれど、なにを読んでいいのかわからないという方には、とりあえず「自主館内ツアー」をおすすめします。入り口近くに用意されているカゴを手に取って館内を歩き回り、背表紙やタイトルなどに惹かれたもの、なんらかの理由で気になったものなどを片っ端からカゴに入れていき、借りてみるのです。15冊も借りるとしたらかなりの重さですが、リュックを持参すれば問題なし。そして帰宅後には借りた本をあらためて見なおし、読みたいものから読んでみるのです。

重要なポイントは、完全読破を目指さないこと。買った場合と同じように「きちんと読まなければ」と感じられるかもしれませんが、読んでみて「合わないな」と感じたら、やめてしまってもかまいません。なにせ本との間には相性がありますから、相性のよくない本を読むのは困難。だいいち、無料で借りてきたのですから、読めなかったとしても負い目を感じる必要などないのです。個人的には、15冊借りたなかで印象に残った本が1冊か2冊あれば大当たりだと考えています。そのくらいでいいのです。大切なのは完璧を目指すことではなく、本に親しむこと。つまり図書館は、そのきっかけをつくってくれる場所だということです。

ところで、私が魅力的だなと感じる図書館関連の文章がふたつあります。まず最初は、『生きるための図書館――一人ひとりのために』（竹内悊、岩波新書）の終章に出てくる「本が人に語りかける」という文章。生涯を通じて図書館に携わられ、２０２１年に逝去された氏はここで、図書館の特徴について触れているのです。

> 図書館では本を新着書架に並べたり、時の話題でまとめて展示をしたり、著者名、書名、出版社名をすぐ目にできるように、その面を上にして目立つところに置いたり（面展示とか面出しと言います）して、本が読者に語りかけるようにします。新着書ばかりではなく、蔵書を公開書架に並べること自体が本の言葉を聞く場なのです。

図書館の役割をわかりやすく解説しているだけでなく、「本が読者に語りかけるように」「本の言葉を聞く」など、本と利用者とのあるべき関係性にまで言及したすばらしい文章だと感じます。そのせいか、この部分を読み返すだけでも近所の図書館のことを思い出し、足を運びたくなってしまいます。

そしてもうひとつは、『図書館　この素晴らしき世界』（藤野幸雄、勉誠出版）のなかにある文章。図書館学者である著者の藤野氏は「図書館はサービス機関」「たえず発展するシステム」「思想の再生産の場」と並ぶ〝図書館の四つの柱〟の冒頭に、「差別のない世界」を挙げています。

図書館は利用者を差別しないし、本をも差別しない。すべてが平等に存在を主張できる。（中略）自分と何らかの面で異なるものにたいしては、自然に差別する意識が生じがちである。「トンボだって、アメンボだって、ミツバチだって、みんなみんな生きているんだ友だちなんだ」と歌いながら、そのいっぽうでは、姿形の異なる者を嫌い、「いじめ」の対象にしている。図書館という場所は、それを感じさせないばかりでなく、その思想を排斥する。「図書館の自由」の原則にあるとおり、あらゆる思想を収集する自由を持ち、あらゆる図書を提供する自由をその権限として持っているのである。（中略）この考えかたこそが人間を解放するものであり、この原則が生きていることがもっとも大事なのである。

これは、図書館の価値を認識するうえで非常に重要なことではないでしょうか。また、図書館に流れる静かな空気の心地よさも、こうした概念に基づくものなのかもしれない――考えすぎかもしれないけれど、でも、そんなふうにも思えてしまうのです。

失敗した本はどうするか

きちんと読もうと思って買ったのに、結局は読めなかった……。相性の悪い本はあるものだと理解してはいても、そんな本に当たってしまったら、少なからずモヤモヤした思いが残ってしまうかもしれません。だいいち図書館で借りた本ならともかく、お金を出して買った本は厄介な存在。手元に残ってしまうのですから、目にするたびに「ああ、読めなかった本だ」という記憶が蘇り、いやな気分になってしまう可能性があるわけです。私にも経験がありますから、気持ちはよくわかります。

とはいえ、読めなかったからといって、失敗したからといって、そのことに負い目を感じる必要はまったくありません。なぜなら、その時点で失敗してしまったとしても、その本とのよくない関係が永遠に続くわけではないからです。たとえば半年後、一年後、数年後に読みなおしてみたら、意外とよかったというようなことはあるものだということです。時間が経過すれば人間の価値観や感じ方は変わっていくものですから、それは当然の話。時間が解決してくれることもあります。

それでもしっくりこなかったとしたら、そのときはきっぱり見切りをつけましょう。なにしろ相性が悪いのですから、それは仕方がない。つまり、それは本当に相性のよくない本だということです。

でも、それはそれでいいじゃないですか。誰かにあげるなり、古書店などで処分するなりすればいいだけなのですから。最近は棚の貸し出しをする「シェア型書店」も多いので、そういった場所を利用して販売するのもいいかもしれません。いずれにしても、失敗したことに負い目を感じる必要はまったくありません。

なお参考までに書き添えておくと、私の場合、失敗した本のことはなるべく誰かに話してみるようにしています。自分はダメだったとしても、その本がすべての人にとってダメだというわけではないからです。

相性のいい人がいる可能性もあるはずなので、「この人なら興味を持ってくれそうだな」と思える相手に対して、「自分はダメだったんだけど、もし興味があったら読んでみる?」という感じで持ちかけて、読んでみたいという場合はあげてしまうのです。その結果、「あの本、よかったよ」といってもらえたことが何度かありました。だとしたら、その時点で本は役割を果たしたことになります。

それからもうひとつ。地域性の高い話ではあるのですが、私が暮らしている街に近い中央線高円寺駅のガード下には、「渡り鳥文庫」というスポットがあります。誰がつくったのかは不明なのですが、いらない本を自由に置いておける場所。欲しい人は、自由に持って帰れるのです。いかにも高円寺らしい、理想的なリサイクルのあり方だと思います。私もときどき置きに行くのですが、置いてから数十分後にまた通りかかったときにはもうなくなっていたりするので、「興味を持った人が持ち帰ってくれたんだな。気に入ってくれるといいな」と、温かい気持ちになれます。

「好き」と「苦手」があって当然

大切なのは、本を崇《あが》めすぎないこと、そして、相性があるものだと割り切ること。長く本を読んできて、私は心からそう感じます。

それは、美術や音楽に置き換えてみればわかりやすいかもしれません。美術でも音楽でも、優秀な作品は評価が分かれるものです。村上隆氏の才能を理解できる人がいれば、他方には「日本画を逸脱している」と苦々しく思う人がいるかもしれない。でもそれは、村上氏が他者に真似できない個性を持っていることの証です。賛否が分かれるのはその作品が優れていることの裏づけであり、だから、好きになれない人がいても当然だということ。みんなが褒めているときには「好きではない」と公言しにくく、周囲に押されて「好きにならなければいけないのだろうか？」などと考えてしまいがちですが、そんなことはありません。感じ方は人それぞれなのですから。

たとえば私は1980年代に、ミュージシャンのプリンスが苦手だった時期があります。1978年のデビュー作から4作目『Controversy』までは、次第に個性が強まっていくプロセスをおもしろく感じ、よく聴いていました。ところがその後、彼が『1999』（19

82年）～『Purple Rain』（1984年）で世界的な成功を収めたとき、それらを賞賛する世間の流れについていけなくなったのです。

もちろん、とんでもない才能の持ち主だなとは感じていました。その2作が名盤だといわれることも理解はできました。とはいえその弾けっぷりが私にとっては強烈すぎ、聴いていると疲れを感じるようになってしまったんですよね。誰もがプリンスを支持するなかでは口にしづらいことでしたし、以後の作品は受け入れることができたのですが、アーティストとして頂点であったあの時期だけは自分の好みではなかったということです。

でも、そうやって評価を分かつことになったのは、間違いなくプリンスが強烈な才能を持っていたから。好きな人と苦手な人がいたからこそ、彼はその後も活躍し続けることができたとも解釈できるわけです。逆に、すべての人が「いいね」と思えるような作品は、最終的に残らないものなのではないでしょうか。

そして当然ながら、同じことは本にもあてはまります。誰もが認める大ベストセラーだといっても、それを好きになれない人がいたって当然です。「この本、泣けるよねー」とみんなが目を潤ませているとき、「ちっとも泣けないし。そもそも、〝泣ける〟という感覚が好きじゃないし」と感じる（私のような）ヒネクレ者がいてもまた当然。「好き」と「苦手」が分かれるのはむしろ自然なことなのですから、自分の評価は信じるべきです。そして「失敗した」としても、それを失敗だと考えすぎないことです。

目次がポイント

私はほぼ毎日、ウェブメディアで書評を公開しています。それに加えて雑誌などの紙媒体にも寄稿していますから……と書いて気づいたのですが、いまやウェブメディアの優先順位のほうが上になってしまいましたね。そういう時代なんだなぁ……という話はともかく、これだけ頻繁に書いているということは、それだけ頻繁に読んでいるということでもあります。そのため、「どうやったらそんなに読めるんですか?」と聞かれることも少なくないのですが、早い話が、いくつかのコツがあるのです。

たとえばそのひとつが、まず目次をチェックすること。なぜなら、目次は家でいえば柱や梁《はり》などの骨組みのようなものだからです。そのため目次を眺めれば、その本がどういう構成になっているかがだいたいわかります。

そこで、その本の本質が語られている部分（たいていは後半にあります）や自分が求めている部分を探し出し、そこを中心として読み進めていくのです。たとえば目次を見てみて、第4章に求めている部分があるなと察することができたとしたら、そこを目指して読んでいく。その場合、第4章が〝ゴール〟であることは察しがついていますから、それ以前は必要以上に熟読しなくてもなんとかなります。斜め読みをしていったとしても、「なるほど、第1章で現状について解説して、第2章で問題提起をして、第3章で過去の事例を並べて、そのうえでクライマックスの第4章に移るわけね」というように、道筋が判断できるわけです。したがって、速読めいたことをしなくてもOK。むしろ速読よりも、この方法のほうがその本の本質に近づきやすいのではないかと思います。

たいへんな読書家として知られていた作家の井上ひさし氏も、『本の運命』(文春文庫)内の「井上流本の読み方十箇条」のなかで「目次を睨むべし」と主張しています。とくに専門書の場合は、まず目次をじっくり読み込むべきだと。

泥棒の名人が忍び込む前にその家の構えをじっくり観察するように、専門書を読むときは、その構造を前もって見破る。(中略)普通、目次というと、本を買った時にチラッと目を通すだけで、いちいち見たりしませんね。でも目次をしっかり読むのは、意外に大事なんです。

なぜならそうすれば、「全体の構成とか、論旨の進め方の見当がついてくる」から。そして、「急いでるときは、この章を先ず読んでおいてという勘がはたらく」から。

はからずも、先ほど私が書いたことと重複しますが、決してパクったわけではなく（そんなこと恐ろしくてできない）、いわば目次をチェックすることは本を読む人にとっての必須事項なのです。なお、井上氏はこれを専門書を読む際に必要なことだと述べていますが、私の場合、この手法はビジネス書を読む際に活用しています。なお、ストーリー展開や情景描写をじっくり味わうことに意義のある小説には向かないでしょう。

本はどこにいても読める

当然のことながら、本を読む場所は自宅がいちばん多いのではないかと思います。就寝前に本を読んだりすると、一日の疲れがとれるような気分になれますしね。あるいは昼休みにカフェや喫茶店で読むという方もいらっしゃるかもしれませんが、いずれにしても読書する場所はある程度固定化されていると考えられます。

でも、そんな〝読む場所の常識〟から少しだけ離れてみると、読書はさらに楽しくなると思います。たとえば、私は外出時にしばしば、駅のホームのベンチで本を開きます。もちろんラッシュアワーを避けることが大前提ですが、耳に入ってくる雑音を聞き流しながら読むと、なかなか読書がはかどるのです。

また、いろいろ試してみた感覚としては、地上の駅よりも地下鉄の駅のホームのほうがより集中できると感じています。いままで試してみたことがあるのは丸ノ内線、大江戸線、半蔵門線ですが、日中、これらのホームのベンチには人が少ないことが多く（あくまで個人の感覚ですが）、ひとりでぽつんと座って読書したりすると、その違和感はなかなか心地のよいものです。そのため、すぐに本の世界に入っていけるのです。

そういった感覚を何度も味わっているからこそ、私はそんな「アウトドア読書」をおすすめしたいのです。仕事の移動中に十分だけベンチで本を読んでみるだけでも、かなりリフレッシュできると思います。

そんな経験を繰り返していくなかで、「本はどこにいても読める」ということを実感していただきたい。もちろん、自宅やカフェのほうが気楽だと思われるかもしれませんけれど、それは慣れの問題です。いまは自宅やカフェしか選択肢がないだけの話で、試しにどこか違った場所で読んでみれば、そしてそれを数回繰り返してみれば、徐々に違和感は消えてしまうはずです。

そして、その感覚をつかむことができればしめたもの。これまではなかなか本を読む時間がなかったかもしれませんが、どこにいても読めるようになれれば、悩みは一気に解消できます。自分の移動範囲のすべてが読書のための空間になってくれるのですから。

読書しているときの視界

もうひとつ、どこで読むにしても、なるべく「読書しているときの視界」を意識してみてほしいとも私は思っています。読書しているそのとき、視界に入っているものを、です。

「本を読んでいるんだから、視界にあるのは活字に決まっているじゃないか」と思われますか？　たしかにそうですよね。でも気がつかないだけで、実際にはそれ以外のもの——周囲の情景など——も、間違いなく視界の端っこに見えているはず。経験的に、私はそれをいつも感じています。無意識のうちにそうやって見ていたものが将来的に、なんらかの形で蘇ってくることがあるからです。「ああ、この本を読んだときには、あの光景を見ていたな」というように。私が以前から外で本を読むことを勧めてきたのも、読書しているときの視界の重要性を信じて疑わないからです。

たとえば旧著『読んでも読んでも忘れてしまう人のための読書術』（星海社新書）においては、山の上で本を読むことをおすすめしたりもしています。決してウケ狙いではなく、そこには実体験に基づく根拠があるのです。たとえ視線を本に落としたまま周囲の光景などに目を向けなかったとしても、そのとき読んでいた本の内容と、そのとき目の前にあったであろう景色は記憶のなかで結びつくものだということ。たとえ正視しなかったとしても、視野に入り込むものは記憶とリンクする場合があるということです。

事実、私も「電車が阿佐ケ谷駅に差しかかると、○○という本のことを思い出すんだよなあ」などということがしょっちゅうあります。つまり、かつてその場所場所でその本を読んでいたからです。そして、ずっとそう信じて疑わなかったからこそ、夏目漱石とも交流のあった物理学者である寺田寅彦氏の随筆集『柿の種』（岩波文庫）に出てくるこの文章にも強く共感するのです。

ある日電車の中で、有機化学の本を読んでいると、突然「琉球泡盛酒」という文字が頭の中に現われたが、読んでいる本のページをいくら探してもそんな文字は見つからなかった。よく考えてみると、たぶん途中で電車の窓から外をながめたときにどこかの店先の看板にでもそういう文字が眼についた、それを不思議な錯覚で書物の中へ「投げ込んだ」ものらしい。ちょうどその時に読んでいた所がいろいろなアルコールの種類を記したページであったためにそういう心像の位置転換が容易にできたものと思われる。

私が阿佐ケ谷駅で○○のことを思い出したように、寺田氏の場合は「琉球泡盛酒」と、読んでいた本のなかの各種アルコールに関する記述が結びついたわけです。リンクの仕方は少し違いますが、それでもこうした事例は、この文章のあとに続く「人間の頭脳のたよりなさはこの一例からでもおおよそ想像がつく」という記述と結びつくのではないでしょうか。

ちなみに『柿の種』は寺田氏が大正9年ごろから俳句雑誌などに寄稿してきた短い随筆をまとめたものですが、その現代的な感覚は百年以上の歳月を経たいまでもなお新鮮。大好きな一冊です。

習慣化できれば読書は楽しくなる

ビジネス書やウェブメディアなどではしばしば、「習慣化」の難しさが強調されます。「毎日同じことをするのはつらい」「刺激がないと飽きる」「同じことばかりだから長続きせず、結局は先送りしてしまうことになる」というように。

なるほど、たしかにそういう考え方もあるのでしょう。そして、そう感じている方が一定数存在するからこそ、「習慣化＝難しい」という角度からのアプローチが増えていくのかもしれません。私も幾度となく、そういう方に向けて「習慣化を実践できるようになるための本」をご紹介してきましたし、それは無駄なことではなかったとも感じています。

しかしその一方、心のどこかには「必ずしも習慣化が苦手な人ばかりではない」という思いがあります。習慣化が苦手な人がいるなら、その対極には「習慣化が得意だ」という人もいるはずではないかと。

残念ながら、そちらにはなかなか焦点が当てられませんが、しかし実際のところ、習慣化は騒がれるほど難しいものではありません。なぜそこに執着したがるのかといえば、かくいう私が「習慣化大好き」な人間だから。毎日、決まった同じことをきちんと続けるというライフサイクルが、とても性に合っているのです。十数年にわたり、休むことなく書評を書き続けてきた結果、「毎日同じことをするという生活は、意外と自分に合っているかもしれない」ということに気づいたのかもしれません。

だから断言できるのですが、もっと「毎日の習慣」を肯定的に捉えるべきです。そもそも気がつかないだけで、誰しも毎日同じことをしているものです。朝起きて顔を洗ったり歯を磨いたり、ご飯を食べたり、仕事の準備をしたり。そういう同じことを続けるのは、それほどつらいことではないはずです。

そこで提案したいのが、読書を習慣のひとつと位置づけること。洗顔や歯磨きと同じように、「やって当たり前」のことにしてしまうのです。「ただでさえ時間がないのに、そんなの無理に決まっている」と感じる方は、読書を大げさに考えすぎです。読書習慣を身につけようという提案を、「読書に数時間を割かなければならない」と解釈してはいないでしょうか。だから不可能だと感じてしまうのです。たしかに「毎日2時間を読書にあてる」などとハードルを上げてしまったのでは、習慣化は困難なものになってしまうでしょう。

でも、必ずしもそこまでする必要はありません。ここまで触れてきたように、（通勤時などの）ちょっとした隙間時間を利用して〝ちょっと読む〟習慣をつける。それだけでも、読書は身近なものになるはずです。

たとえ小さなことであったとしても、ルールを守れれば達成感が得られます。これがとても重要。そういった行動が連続すれば、そこにリズムが生まれもします。（中略）朝の雑事から読書までのルールが次々と達成されれば、その結果として生まれたリズムが心地よさを与えてくれる。つまり、その時点でrhythm of life（生活のリズム）がきちんと刻まれていることになるので、その後の一日をより快適に過ごせるわけです。

以前、拙著『先延ばしをなくす朝の習慣』（秀和システム）にこう書いたことがあります。毎日の習慣として読書と執筆を繰り返してきた経験に基づく、こうした考え方を信じて疑わないからこそ、習慣にしてしまえば読書も継続することが可能なのだと断言できます。難しいことではないし、そう考えれば気持ちも楽になり、ますます習慣化しやすくなるはずなのですから。

本が増えたらどうするか

読書を習慣化できるようになれば、本を読むことが楽しくなります。楽しいと、また読みたくなります。そのため、読みたい本もどんどん増えていくことでしょう。

しかしそうなってくると、やがて高確率で物理的な問題が発生します。読み終えた本、途中で挫折した本、買ったはいいけど読んでいない本などが、どんどん増えていってしまうということ。

読書家として有名だった故・立花隆氏のように、本を収納するためのビルを建ててしまえるならなんとかなるでしょうけれど、ビルなんてそう簡単に建てられるものではありません。

では、どうしたらいいのでしょうか。「絶対に手放さない」とか、「本の山を眺めるだけで幸せだから」という方もいらっしゃることでしょう。かくいう私も、十数年前までは積み上がる本をうっとり眺めていたりしていたので（気持ち悪いな）、共感できないわけではありません。ですから否定する気もないのですが、自身がそういう経験をしてきたからこそ、この場では現在の考え方を明らかにしておこうと思います。

結論から先にいうと、いまの私は〝できる限り〟、不要な（と思われる）本は処分するようにしています。そう思い至ったきっかけは、純粋に不快だったから。

不快などというと語弊がありますが、いちばんひどいときの書斎は、部屋が本とレコードで埋まったような状態になっていました。本もレコードも、すぐに埃がたまってしまいます。そのため、掃除をしても追いつかないような状態で、ときどき室内を眺めながら「俺はいったい、なにをどうしたいんだろう……？」などと暗い気持ちになったりもして、まったく建設的ではありませんでした。しかも十数年前に書評を書くようになってからは、気がつけば月100冊くらいのペースで本が増えていくようになりました。

積み上がる本をうっとり眺める余裕すらなくなったので、そのころから考えをあらためてみたのです。そして、それが現在まで続いています。そこで、その方法をご紹介したいと思います。ただし、これは新刊を対象としたもので、趣味性の高い古書などにはあてはまりませんので、その点はご理解ください。

おすすめしたいのは、本棚を3か月ごとに見なおすことです。読み終えた本は多くの場合、「念のためにとっておこう」というような漠然とした理由に基づいて、本棚に収められることになります。しかし、読み終えた時点で「とっておくべき価値がある」と感じさせた本も、3か月経てば「そうでもない本」に変化する可能性があります。

経験的にいうと、10冊残しておいたなかで、3か月後以降もとっておこうと思える本は1冊か2冊にすぎません。そのため、それ以外の本は思い切って処分してしまうのです。

なお、これも経験則ですが、処分してしまって困ることはほとんどありませんし、仮にまた必要になったとしても、たいていの本は買いなおすことができます。しかも新品を購入するのはもったいないと感じるのであれば、アマゾンのマーケットプレイスなどで安価な中古品を探すという手もあります。ものによっては図書館で借りることもできるでしょう。つまり現実的に、たいがいの本とは再会できるものなのです。ちなみに私の場合、処分したのちに買いなおした本は、この10年で2冊程度だったと思います。

そういえば、『希林のコトダマ』（椎根和著、芸術新聞社）によれば、亡くなった女優の樹木希林さんは所有する本を100冊と決めていたのだそうです。

　自分の家は、いつも整理整頓、余分なものはなにも置かない、絵も写真も飾らない主義の希林さんに、本をどういう具合にしているのか、とたずねた。答えは簡単だった。「百冊以上は、家に置かないの。あたらしく気に入った本、手元に置きたくなった一冊がでてきたら、百冊のなかの一冊を、人にあげてしまうの。だから、いつも百冊」という返事だった。ジャンル関係なく、自分の気に入った本しか読まない、大読書家で大女優のシンプルな考え方による蔵書システム。

私の本棚メンテナンス法よりもずっと高度な、見習うべき考え方だなと感銘を受けました。本を人にあげることは私もよくありますが、とはいえここまで徹底した境地にまではたどりつけそうもないなあ。恥ずかしながら、まだまだ修業が足りなそうです。

第4章
ふたたび、本を読むということ

乱読でいいじゃないか

中学生のころ、本が好きな友人の口から出たひとことがしばらく記憶に残りました。たいしたことではないのですが、読書の話をしているとき、彼はこういったのです。

「いやー、俺、完全に乱読だから」

いうまでもなく乱読とは、系統立てることなく手当たり次第に読むことです。私の読書はまさにそれだったのですが、とはいえただ読みたいものを読んでいたにすぎず、ましてや自分の読書姿勢について考えたことなどありませんでした。そのため、自分の読書を「乱読である」と解釈している彼に、「そういう感じ方もあるのか」と新鮮味を覚えました。そして、そこからようやく「乱読とはなにか」「乱読はよくないことなのか」などについて思いを巡らせるようになったのでした。

乱読という単語が存在するということは、そして少なからず自嘲気味に使われるということは、多少なりともそれが「よくないこと」であると思われていることを意味するのではないでしょうか。彼はちょっとうれしそうにも見えたので謎は残ったものの、たしかにいわれてみれば、系統的に〝きちんと〟読んでいったほうが正しいような気がしないでもありません。もしかしたら、そのほうが優等生的なのでしょうか。

ところが私は劣等生でしたし、そうでなくともその時々で読みたいと感じたもの、興味を惹かれたものをランダムに読んでいただけ。それが間違ったことだとは思っていなかったので、なんだかモヤモヤしたものが心に残ったのでした。そして、そういった感じ方はいまも変わりありません。系統立てて理路整然と読み進めることには意味があるでしょうが、だからといって乱読が悪いわけではない。どちらのスタンスが自分に向いているかというだけの話であり、私のような乱読派がいても、それはそれでいいと思うのです。それどころか、乱読であることを否定してしまったら、これからどんどん読んでいこうと思っている人のモチベーションを下げてしまう可能性もあるのではないかとも思えます。

第1章でも触れた外山滋比古氏は2016年作『乱読のセレンディピティ』（扶桑社文庫）において、「手当たり次第、本を買って、読む。読めないものは投げ出す。身ゼニを切って買ったものだ。どうしようと、自由である」と断言しています。自分の気持ちとまったく同じだったため、初めて読んだときには痛快な気分になったことをいまでも覚えています。


乱読という文字を見、ことばを聞くと、反射的に顔をしかめる人が多い。（中略）この本では、乱読の価値を高く評価する。

氏は、これまでの正しくない考えから自由になるべきだと説いてもいます。私たちはみな、自分はものが読める、読書の能力があると思っているが、多くは思い込みであり、本当に読める人はごく少ないのだと。読書の能力があると思っているかどうかはさておいても、たしかに「本当に読める人」は限られているのかもしれません。

でも、そういう人にしか本を読む資格がないわけではありません。読めようが読めなかろうが、能力があろうがなかろうが、精読であろうが乱読であろうが、読みたいのならば読めばいい。むしろ、読むべき。そこに尽きるのです。ですから、乱読する過程で失敗したとしても、そんなことはまったく問題ではありません。

いくら賢い人でも、乱読すれば、失敗は避けられない。しかし、読めないで投げ出した本は、完読した本とはちがったことを教えてくれていることが多い。失敗をおそれない――それが乱読に必要な覚悟である。

失敗あってこその成功なのですからね。

読みたいものは自分で選ぶ

人の意見にただ従うのではなく、自分が読みたいと感じたものを読めばいい——。

本書において私は、繰り返しそう主張してきました。しかし、そうはいっても実際のところ、読みたいかどうかを判断するのはなかなか難しいものでもあります。矛盾するようですが、漠然としていてもいいから、なにか基準になるような価値観や考え方があると便利です。

そこで、森銑三氏、柴田宵曲氏による『書物』をご紹介しておきたいと思います。ちなみに両氏には書誌学者という共通点があり、昭和19年に初版が刊行され、以後何度か改訂版も出た本書においても、文字どおり書物についてのさまざまな思いを綴っています。非常に興味深い内容なのですが、ここで注目したいのは「良書の識別」という項目です。

両氏はここで、ひとつの書物が〝読むに足る〟ものであるかどうかは、著者の姿勢にあると指摘しています。すなわち誠実な心から生まれた書物であるなら、隅々にまで注意が行き届いているはずだと。また重要なポイントは、読者に対して親切にできているということ。

しかもそれが打ち込んで執筆されたものであるなら、それだけ読者を引きずっていく力が文章にあるべきだというのです。

たしかに、それは読者が本を選ぶ際の基準となりうるかもしれません。ちなみに文章のうまさよりも、心に訴えてくるものをよしとしたいとも記しているのですが、これも納得できる話です。

感じのよい文章はやはり感じのよい人でなくては書かれない。それは文章の技巧以上の問題となって来る。そしてその著者の人がらは、その著者の文章の上に最もよく反映しているであろう。私等はその巧妙の目立ち過ぎる文章よりも、むしろ率直で自然で、なだらかで、癖のない、そしていわんと欲するところを過不及なく表現している、了解しやすい、見飽きのしない文章を取りたい。

人間としての「感じのよさ」、すなわち著者の人間性が文章のテクニック以上に重要で、それは文章に反映されるもの。したがってテクニック重視の文章よりも、素直で自然で読みやすく、それでいて伝えたいことをわかりやすく表現している文章がよろしいということ。

さらには簡潔明瞭で、洗練されていて、響きがよく、芸術的な香りも漂っていて、潤いや気品があり、読者が襟を正したくなるようなものが望ましいとおっしゃるので、ちょっとばかり「自分のような人間には到達できない境地だな」と思わずにもいられません。つまり書き手からすると耳の痛い話でもあるのですが、とはいえ読みたい本を探すにあたり、これらが明確な基準になるのもまた事実ではないかと思います。

読書とコミュニケーション

詩人の長田弘氏は、2001年の著作『読書からはじまる』(ちくま文庫)において、読書をコミュニケーションという側面から考察しています。読書のコミュニケーションとは「ことばのコミュニケーション」だけれども、「こういう問題があって、それに対してこういう答えがある」というような〝模範解答〟のあるコミュニケーションとは違うのだと。

逆に、答えが決まっていなかったり、答えがなかったり、答えのない先に問いがあり、その問いがさらなる問いを問い……というように解決を求めないコミュニケーションが、ことばのコミュニケーションだと思えるとも。これは、読書する際に考えすぎてしまう方こそ、意識にとどめておくべき考え方なのではないかと思います。とかく難しく考えがちではあるけれど、読み方にルールも答えもなく、もし、あるのだとすれば、それは自分の意識下にあるということです。

読書について言えば、ですから、答えを求めて読むのではなく、ひたすら読む。じっくり読む。ゆっくり読む。耳を澄ますように、心を澄まして、言葉を読んでゆくほかに、読書のコミュニケーションはないというふうに、わたしは思いさだめています。

大切なのは、そこに、伝えられないもの、いい表せないものがたしかにあるということ。自分にとってのルールや答えは、きっとその先にあるのではないでしょうか。もちろんそれは、人に説明できるようなものではないのでしょうけれど、そういう、自分に向けられたコミュニケーションがあってもいいのではないかと私も感じます。

そうした沈黙、そうした無言、そうした空白が体しているものが、それぞれに心のなかにもっている問題なのであり、なくしてはならない記憶の確かな目安だからです。

なお興味深いのは、長田氏が読書をスポーツにあてはめて考えている点です。読書というコミュニケーションは、テニスのようにおたがいが向き合ってことばを打ち合うことではなく、テニスに近いようでテニスとはまったく異なる、スカッシュのようなものだというのです。

たがいにおなじ方向をむいて、壁にボールを打ち込む競技。壁にむかって、全力で自分の打った球が、相手のところにもどってくる。次の瞬間、今度は相手が壁に打ち込んだ球が、自分のほうへもどってくる。その、スカッシュの壁というのが、おそらくわたしたちのもつ言葉というもの、そしてわたしたちにとっての本というものだろうと思うのです。

あらためてそう考えると、読書は孤独な行為だということにも気づきます。しかし、その孤独は決して悲しいものではなく、楽しむ価値のある「余裕」だと考えることができるのではないでしょうか。私は、読書とコミュニケーションについて考察する過程で見え隠れしてくる、その孤独感も大切にしたいと思います。それは、自分と本の関係性を俯瞰することにもつながり、ひいては自分という人間のあり方を再認識することにもつながっていくはずだから。いわば、それこそが読書の価値であると考えるのです。

読みたいものを読む

繰り返しになりますが、社会に出て仕事中心の生活になると、使える時間が限られてきます。そのため、本を読む際にも余計なことを考えてしまいがちです。「読む時間が少ししかないのだから、どうせ読むなら少しでも〝使える〟本を選ばなければ」というように。

その結果、本当はなんにも考えずに楽しめる娯楽小説を読みたいとしても（自分がそんな気分でいることに気づかないまま）、「仕事で使えそうだから」というような曖昧な理由で、たいして読みたくもないビジネス書を手に取ってしまったりするかもしれません。なにしろ読みたいわけではないのですから、途中で投げ出す可能性も大いにあるでしょうけれど。

しかし、本来そんなことを考える必要はまったくないのです。それどころか、時間が限られているからこそ、読みたい本を読むべきです。使えそうなビジネス書ではなかったとしても、読書家のような人から「えっ、そんなもの読んでるの?」と小馬鹿にされるようなものであったとしても、自分自身が納得できるのであればそれでいいじゃないですか。というよりも、自分のための読書なのですから、それこそがベストです。

文芸評論家の江藤淳氏も、昭和41年に初版が発行されたエッセイ集『犬と私』(三月書房)内の「読書について」という文章のなかで「手あたりしだいに読むがよかろう」と述べています。

下等な本はすぐあきるから自然に淘汰される。上等な本は読み返したくなるから手元にのこる。「良書」のみを系統的に選んで、人生を識《し》り、教養を身につけよう、などという意地汚ない根性はおこさないほうがよい。本で人生を識りうるわけがない。読書は道楽であって、道楽はつねに無駄なものである。

まさにそのとおり。道楽であって無駄だからこそ、それを受け入れたうえで、読みたいものを読めばいいだけの話。そこに小難しい理屈は必要ないのです。江藤氏も、本を読んだからといって古今東西の智慧《ちえ》が身につくとは限らず、そもそも私たちは「他人が生きたように生きるわけにはいかない」と記しています。自分は自分なりに最初からはじめなければならないのだと。だったらなおさら、好きなように読めばいいではないですか。

万巻の書の著者たちが、友人に見えて来るのはこのことを観念した瞬間からである。彼らは唯一人として自分と同じ人間ではない。だから彼らが友人になる意味がある。

著者たちは自分と同じ人間ではないからこそ、〝友人〟としての彼らから学ぶ価値がある。私はこの文章を、そう解釈しました。学ぶというのは結果論でしかないので、学ぶべきことはなかったというケースだってあるかもしれませんが、それもまた友人から得たものであると考えるべきではないでしょうか。

見返りを期待しない

本を読むと、忙しいなかで無理やり時間をつくって読んだのだとすればなおさら、「見返り」のようなものを期待することになりがちです。「せっかく読んだんだから、〇〇に役立ってほしい」というように。

もちろんそれは自然な発想であり、読んだ本がなにかに役立ってくれるのであれば、それに越したことはないでしょう。

しかし、だからといって見返りを期待しすぎると、結果的に読書習慣は長続きしなくなってしまうと思います。「○○を期待して読んだけれど、読み終えてみてもなにかが得られたように思えない」となると、必然的にネガティブな思いが強くなってしまうからです。それは「モトがとれなかった」という不満につながっていく可能性もありますし、そんなことが続けば当然ながら、本を読む楽しさから気持ちは遠のいていくことになるでしょう。

しかし、それは〝期待しすぎるから〟なのではないでしょうか。「○○を得たいから読む」と考えるから、失敗したときに対処のしようがなくなるわけで、そうではなく、「読みたいから読んだら○○が得られた」という順序で考えるべきなのです。

「期待しすぎるからがっかりするのよ。最初から期待しないでおけば、予想してもいなかったいいことが起こると、得した気分になるじゃない。それに、そう考えたほうが気楽でしょう」

期待していたものが得られずにがっかりしていた小学生時代のあるとき、母からそういわれたことを覚えています。もちろん数十年前の話ですから、なにに期待していたのかは記憶に残っていませんが、とはいえこの考え方は、以後の私に定着することになりました。

その結果、読書についてもそうした発想が生かされるようになりました。生かそうとしているわけではなく、無意識のうちにそうなっていただけのことですが。

でも、そんな発想が定着し、本を読む姿勢にも役立ったという実感があるからこそ、読書に過度な見返りは期待しないほうがいいと断言できるのです。だって、そのほうが気楽じゃないですか。この軽さが大切。それくらいのスタンスでいたほうが読みやすいはずですし、はなから期待していなければ、思わぬ収穫があったときのうれしさも倍増するのですから。

たかが本、たかが読書。

まずは、純粋に楽しむということを優先すべきです。

いつの間にか残っているもの

だいいち、期待に見合ったなにかが得られようが得られまいが、読んだ以上は自分でも気づかないうちに、〝必要ななにか〟はいつの間にか記憶回路のどこかに定着するものです。

残ってしまうのです。そして知らず知らずのうちに残ったものは、なにかの拍子にひょこっと姿を現し、期待のたぐいを超えた、予想外の力を発揮してくれたりもするのです。

よく使われる表現を借用するならそれは、読めば読むほど〝自分のなかの引き出し〟が増えていくということ。なにかのタイミングで適切な引き出しがさっと開き、目先の問題を解決してくれたりするわけです。つまり、意識的に記憶したものの価値もさることながら、いつの間にか残っていたものもまた重要だということです。

いわば読書とは、普段はあまり目につかず、思い出すことも少ないそうした引き出しを増やすことでもあるのでしょう。意識して、そして期待しすぎれば、それが叶わなかったときにがっかりするのは当然の話です。でも過度に期待を寄せることなく、単なる日常として読書を捉えることができれば、残るべきものは必然的に増えていくはずです。

そして、そのことに関連して思い出していただきたいのが、第3章で触れた「読書しているときの視界」です。いつの間にか残った記憶が、予想外のタイミングで意識下に現れたとき、そこにはなんらかの映像がついてくるはずです。

すなわち、その本を読んでいたとき視界の端に見えていたものが、忘れかけていた本の内容とともに頭をよぎったりするということ。そういうオマケがついてきて、それを意識すれば、いつの間にか残った記憶の輪郭はさらにくっきりとしてくるはずです。そして、それはくっきりとした状態のまま、記憶のなかの引き出しに戻っていく。そんなことが繰り返されれば、明確化された記憶の残像が増えていき、結果的にはまた思いもよらないところで役に立ってくれるのです。

あえて時間を使う

第2章で速読についての思いを綴りました。また第3章では、読む時間がないのであれば、隙間時間を利用して読書をしてみようとも提案しました。

それらの補足になりますが、そうやって自分に納得のいくレベルまでクリアできたとしたら、次はあえて時間を使ってみるのもいいと思います。少ない時間をやりくりしながら読むことができるようになったのであれば、「速く読まなければならない」という壁を乗り越えられたことになります。つまりその時点で、抱える必要のない不安やコンプレックスを多少なりとも排除できているわけです。

そこで、さらなるレベルアップを目指し、読む時間を増やしてみるのです。そして、ゆったりと余裕を持ってその時間を楽しむのです。それは実のところ、非常に大切なスタンスであるはず。

読書習慣ができれば小さな余裕が生まれ、その余裕は習慣を続けていくうちにまた少しだけ大きくなり、さらにまたちょっと大きくなって……というような好循環を生みます。余裕が積み重なっていくと、当然、時間を楽しめることにもなりますから、これはとても重要なことです。だいいち、私たちはもともと、なにごとについても急ぎすぎているのです。とかく速さや生産性が要求される時代なのですから、仕方がないことでもありますが、だからこそ、せめて読書のときだけは余裕を持てるようになることを目指すべきではないでしょうか。文芸評論家の加藤周一氏も、『読書術』（岩波現代文庫）のなかで次のように述べています。

何事によらず、絶えずこれほど急ぐ必要があるのかどうか。下世話にも「急がば回れ」といいます。むかし兎と亀が競争をしたときに、亀が先に目的地についたという話は、だれでも知っています。そういう話を、ときどき思い出してみるのもむだではないかもしれません。

「なんとか時間をかけないようにしよう」などと焦りながら読書をすると、本の内容がなかなか頭に入ってこないし、それどころか、読んだはしから忘れていってしまったりするものです。そのため、また同じ箇所を何度も読み返すということになってしまう。けれども、その時点で「時間を無駄にしてしまった」という思いが渦巻いているものだから、読みなおしてみたところでやっぱり頭に入らない。そんな悪循環に陥ってしまうことも少なくないのです。

では、どうすればいいのか。簡単なことです。前向きに開きなおればいいのです。おかしな表現ですけれど、どのみち時間を使ってしまうのであれば、その時間内で精神的な余裕を保ったほうがずっと効率的で、精神面にも余裕が生まれます。「限られた時間を少しでも効率的に使わなくては」と自分を必要以上に追い込むのではなく、「与えられた時間を、ゆったりと、存分に楽しもう」というくらいに考える。そうすれば、おのずと気持ちに余裕が生まれ、本に書かれていることもするすると頭に飛び込んでくるはずです。

本を読む人に与えられた特権

読書の時間は、自分にとっての特別なひとときである必要があります。自分のために読むのですから、その時間は自分にとって自由なものなのです。そんな当たり前のことが、意外と忘れられがちなのではないでしょうか。

本や読書に関するエッセイを集めた『最後に残るのは本』（工作舎）にメディア・アーティストの藤幡正樹氏が寄せている「緩急自在に読む」という文章（１９９２年）には、その自由度の本質が見事に表現されています。

　本は手に取られ、眼で読まれる。そこにはページという順番がある。一応頭から順番に読まれることが想定されているから、そこには時間がある。それは、読み手にとって自由な時間だ。

つまりそれこそが、本を読む人に与えられた特権なのです。私たちは、そのことを念頭に置くべきです。そうすれば手にしているその本が小説だったにせよ、エッセイだったにせよ、あるいはビジネス書であったにせよ、そこからはより多くの価値を（無意識のうちに）吸収することができるからです。そして吸収できたとしたら、本との関係性はさらに深まることになります。なぜならその時点で知的好奇心を刺激され、なんらかの心地よさを感じるはずだからです。したがって、そこまで到達できれば、次の読書の時間もまた豊かなものになるでしょう。そしてその関係性は、より親密なものになるでしょう。藤幡氏も「緩急自在に読む」の続きの部分で、その関係性に触れています。

進んだり止まったり、再開されたり繰り返されたり、しかしそれ以上読み進められない場合もあるだろう。読まれるべき活字が、いま読み進んでいるページの先に図像としてじっと待っているのがわかる。ちらちらっと先をめくると、特に漢字は騒々しく、風景や現象や事物を思い起こさせる。その時には、それらの文章が語る内容とは別個に個々の活字の持つ世界が聞こえてくるのだ。

文字が語りかけてくるさまが手に取るようにわかる、とても素敵な文章だとは思いませんか？　ここには、本のなかにずらりと並んだ文字と、そこに向き合う読者との関係性が見事に表現されていると感じます。読書が、本と読み手とのコミュニケーションによって成り立っているのだということが。たしかに藤幡氏のいうとおりであり、だからこそ私たちは読書をする際、本との間に流れる時間を大切にしなければいけない。そう思うのです。

わかることと、忘れること

さらに、同じ『最後に残るのは本』内の「わかる本　知る本　好きな本」（１９８７年）という文章のなかで、美術・宗教学者の彌永《いやなが》信美氏はこう記しています。

ぼくは本を買い、所有しているのは好きだが、実際にはほんの少ししか読まない。特に、いわゆる思想や哲学の本はほとんど読まない。というよりも、読めない。大部分の本は難しくてわからない。そしてわかる本は、もうわかっていることだから、たいてい読んでもあまり興味がわかない。ずっと以前に買って読みかけたが、まるでわからなかった本が、十年ほどもたってふと取り出して読んでみると、もうわかりきったことで読むまでもなくなっているように感じることもある。

これまた読書の本質をいい当てた、じつに痛快な文章です。読まない、読めない、わからない。それでいいではないですか。

難しくてわからないから読めないとか、わかる本はわかっていることだから興味がわかないなどといわれると身も蓋もないように思えますけれど、こういった感覚は誰もが持ったことのあるものであるはず。そして、本質であるともいえます。難しい、わからない、興味がわかないなどのネガティブに聞こえることもまた、読書の重要なエレメントであるべきなのです。自分の内部にわき起こったそのような思いは、時としてその本の魅力を別の角度から浮き上がらせてくれたりするものであるからです。

しかし「わかる」ことや「知る」こと以前に、より本能的な「好き・嫌い」のようなものがある。「好き」な本だと、まるでわからなかったことでも、突然わかってしまうこともある。これも広い意味での文体、あるいはレトリックというのだろう。そしてこれほど掴みどころのない、奇妙なものはない。

われわれはいったい、本の何を読んでいるのだろうか……。

最後にクスッと笑ってしまうのは、まさにそれこそがよくあること、すなわち読書の本質的な部分だからではないでしょうか。程度の差こそあれ、みんな読書についてはこのようにモヤモヤとした思いを抱えているものだということです。

読書はマインドフルネスにつながる

インドでは、瞑想は心に浮かぶ思考や物理的な世界という幻影から離れ、神の本質に近づくために行い、マインドフルネスは、マインドフルな状態に常に身を置くために行う。マインドフルな状態とは、「今」というほんの短い時間、あなたが関わっている行動や体験、つまり「ここ」に全身全霊を捧げることだ。

『リセット Google流最高の自分を引き出す5つの方法』(ゴーピ・カライル、白川部君江訳、あさ出版)にはこのような記述があります。著者は、グーグルのブランドマーケティング部門に所属するチーフ・エバンジェリスト。ちなみに、近年よく聞くようになったエバンジェリストとは、最新のテクノロジーを一般の人々に向けてわかりやすく解説したり、世に広めたりする役割を担う人のこと。ＩＴ業界においてはとても重要な立場にあるわけですが、そんな人が、同じＩＴ業界人からの関心を集めるマインドフルネスに注目するのは当然の話かもしれません。

ただし、いまやすっかり広まった感のあるマインドフルネスには、その一方でいまひとつわかりにくいという側面もある気がします。なんだか矛盾した話ではありますが、「いま」「ここ」という表現がどこか漠然としたものであることは否めないからです。その点を指摘する人は意外と少ないような気もするのですけれども、私は以前からそう感じていました。

だからこそ、本書のなかで著者のゴーピ氏が、「マインドフルネス瞑想には、ウェスティンホテルにチェックインするのと同じ効果があると考えている」と述べていた点には強く納得できもしたのでした。つまりはこういうことです。

ちょっと想像してほしい。

あなたは今、ニューヨークのタイムズ・スクエアのど真ん中にいる。たくさんの人、車、バス、カラフルな動画広告。喧騒やざわめきとともに、いろいろなものが次々に視界に入ることだろう。その中で、複雑な図やグラフをつくったり、論文を書いたりしなくてはならないとしたら、どうだろうか。どんなにあなた自身が落ち着いていたとしても、周りのざわめきにはかなわない。近くのウェスティンホテルやダブルツリーに入って部屋を取り、そこにこもって仕上げるのではないだろうか。きっと、あっという間に作業を終わらせることができるだろう。

要するに多くの場合、人の頭や心のなかはタイムズ・スクエアと同じ状況だということ。いろいろなことがものすごいスピードで脳内を駆け巡り、スマートフォンやパソコン、テレビなどなど、まさに喧騒にざわめきに騒音だらけだというわけです。

そんな状況で重要なことを考えたり、大切な仕事に臨むことは当然ながら不可能ですから、頭や心をウェスティンホテルの部屋にする必要があるという考え方。そこで、マインドフルネス瞑想が必要になるわけです。

マインドフルネス瞑想は、明晰な思考と集中力を得る方法だ。それによって、仕事上あるいは人生で何らかの問題を抱えていても、よりクリエイティブな解決策を見つけることができる。
もっと大切なことは、思考が明確になると、あなたの人生に役立つ、いわゆる「真実の情報源（Source of Truth, SOT）」（筆者注：情報の重複を防ぎ、一貫性のあるデータを提供する考え方）にアクセスできるようになり、実際に何が起きているのかを理解できるようになる。

マインドフルネス瞑想が心を落ち着かせ、頭のなかをきれいに整理し、本当に重要なことに意識を集中させてくれるわけですが、私は読書にも似たような効果があると考えています。マインドフルネスによって心を落ち着かせれば読書がはかどるという意味ではなく（もちろん、そういった側面もあるでしょうが）、読書に集中することができれば心が落ち着き、マインドフルネスに近い効果が得られるのではないかということです。

読みはじめた本に心を奪われ、知らず知らずのうちに集中していて、気がつけばずいぶん長い時間が経っていたというような経験は誰にでもあるのではないでしょうか。そんなとき、読書を終えたらスッキリした気分になっていたりもするものです。つまりそれは、まさに「いま」「ここ」にある読書に集中できていたということ。だから達成感や心地よさを実感できるわけです。いいかえれば、読書はマインドフルネスにつながるのかもしれない。もちろん科学的にそれを証明することは私にはできませんが、経験的に強くそう感じるのです。

「現代社会」と読書

現代社会においては、次々と押し寄せてくる情報を吸収するだけで精一杯。ただでさえ忙しいのだから、本を読む時間などつくれるはずがない――いま、こうしたことで悩まれている方が多いことは本書の前半で指摘してきました。それを踏まえたうえで、次の文章に目を通してみてください。

現代社会は、何かといそがしく、私たちは、何でも手っ取り早く、ことがらを知ろうとしがちです。ラジオ、テレビ、映画などの発達は、この風潮に拍車をかけています。しかも、その便利さ、安易さが、私たちの生活の中から思考思索する機会をうばい、人々はだんだん思考思索の力を失ないつつあります。人間が万物の霊長といわれるのは、「ことば」と「考える力」を持っているからだといわれていますが、その「考える力」

を失なっては、もはや万物の霊長などとはいえなくなります。（松尾弥太郎『本を読む子・読まない子—家庭読書のすすめ—』全国学校図書館協議会）

タイトルからわかるように本書は、子どもの読書のあり方について考察したものです。このパートでは、情報が多すぎる時代だからこそ「考える力」を支えていくべきで、そのためには「掘りさげ読書」（精読）が重要であるとの主張が展開されています。

大人の読書にあてはめることができるトピックも多く、なかなか勉強になる一冊ではあるのですが、ともあれ注目するべきは、情報過多を問題視している本書が昭和40年（1965年）に出版された本である点です。いまから60年近く前、すでに、いま取り沙汰されているような弊害が問題視されていたわけです。

もちろん、60年前と現在とでは情報量に大きな差があります。とはいえ結局のところ、本質的な部分は、昔もいまもあまり変わってはいないのかもしれません。しかし別の視点から捉えてみれば、数十年前にこのような問題に直面した人たちがそれを乗り越え、その先に現在があると解釈することもできるはずです。だとすれば現代に生きる私たちもまた、これから数十年先の未来の読書に向け、それがうまくいくように、なんらかの策を講じる義務があると解釈すべきではないでしょうか。
大風呂敷を広げるなとツッコミが入りそうですが、そういう意識を持ちながら日常を重ねていけば、やり方次第ではなんらかの形で、将来の読書を改善できるようになるかもしれない——という意見は少しばかり強引ですけれど、そう考えるべきではないかと私は考えています。

本と一緒に成長する

須賀敦子氏の『塩一トンの読書』（河出文庫）は、タイトルからしてインパクトに満ちています。なにしろ「塩一トン」ですからね。映像を頭に思い浮かべようとしたこともあるのですが、あまりにも多すぎてイメージと結びつきませんでした。それはともかく、これは氏がミラノで結婚したばかりのころ、姑から聞いた話に端を発するものなのだとか。

一トンの塩をいっしょに舐めるっていうのはね、うれしいことや、かなしいことを、いろいろといっしょに経験するという意味なのよ。塩なんてたくさん使うものではないから、一トンというのはたいへんな量でしょう。それを舐めつくすには、長い長い時間がかかる。まあいってみれば、気が遠くなるほど長いことつきあっても、人間はなかなか理解しつくせないものだって、そんなことをいうのではないかしら。

たしかにおっしゃるとおりですが、特筆すべきは須賀氏がこの考え方を読書と紐づけていることです。文学で古典といわれる作品を読んでいるとき、この塩の話を思い出すと記しているのです。

相手は書物で、人間ではないのだから、「塩をいっしょに舐める」というのもちょっとおかしいのだけれど、すみからすみまで理解しつくすことの難しさにおいてなら、本、とくに古典とのつきあいは、人間どうしの関係に似ているかもしれない。読むたびに、それまで気がつかなかった、あたらしい面がそういった本にはかくされていて、ああこんなことが書いてあったのか、と新鮮な驚きに出会いつづける。

もちろん、これは古典について書かれたものではあるのですけれど、しかし同じことは古典のみならず、すべての本にあてはまるのではないか。不思議な心地よさを与えてくれることの文章を読み返すたび、私はいつもそう感じてしまいます。すでに読んだことのある本をまた読んでみるにしても、読んだことのない本を読んでみるにしても、須賀氏がいうところの「新鮮な驚き」と出会うことはあるものだと思うから。

そして、読んでいるときには気づかないかもしれないけれど、そうした驚きや気づきは、人としての自分の成長に少なからず影響を与えるものでもある。いいかえれば、本を読む私たちは、本と一緒に成長しているということ。そう感じないわけにはいかないのです。そして、人は死ぬまで成長し続ける生き物であると信じて疑わない暑苦しい私にとって、これは生きる糧《かて》といっても過言ではないほど大切な考え方でもあります。

ふたたび、本を読むとはどういうことか

本書の冒頭に「本を読むとはどういうことか」という項目を設けましたが、このことに関連してもう少しだけ。『本を読むときに何が起きているのか』（ピーター・メンデルサンド、細谷由依子訳、日本語版解説・山本貴光、フィルムアート社）の著者は、とても重要な指摘をして

います。本を読むときに私たちは、そこに書かれた語句の意味を解明するために先まわりして考えておかねばならないのだと。つまりはそうすることで私たちは、直線的な書きことばの行き詰まりや、ちょっとした停滞、ずれや不自然な区切りなどに対処するということ。

いわれてみれば当然のことでもありますが、私はここに読書という行為が持つ躍動を意識せざるを得ないのです。しかもそういった行為は、しばしば時間を超越します。


私たちは、見ろと言われたものを想像するが、見ろと言われるであろうものも、ページの先まで想像している。登場人物が角を曲がったなら、曲がった先に何があるかを（作者が語ろうとしなくても）推測しているのだ。

速く読む時は一気に語句を読んでいくが、文章を舌の上で転がす様にゆっくりと味わうこともできる。


あらかじめ推測をすることで先まわりをし、自分の感覚的欲求に従って文章にまつわる時間を操る——。私たちは本を読むとき無意識のうちに、そんなことをしているわけです。

こうした事実からは、大きなポテンシャルを感じることができるのではないでしょうか。

少なくとも私はこれを読んだとき、自身の内部にある創造的な感性が刺激されたような気がしました。

私たちは本を読む時、一度に（一読みに）

1．ひとつの文章を読み、
2．その先にあるいくつかの文章を読み、
3．すでに読んだ文章の内容を意識上に残しながら
4．その先に起こることを想像する。

したがって、読むということは、いくつもの経験済みの「現在」の連続ではないとメンデルサンドは主張するのです。過去と現在と未来は、それぞれを意識する瞬間ごとに、ひいては読書という行為の流れのなかで織り交ざるのだと。

それぞれの流動的な間隔は、読んだものの記憶（過去）、意識上の「現在」の経験（現在）、そしてこれから読むものの予測（未来）の混合から成る。

いま目の前にある読書は過去の読書から引き継がれたものであり、それは未来への読書へとつながっていく。そしてそれらは有機的に、あるいは無機的に、言語化しづらいなんらかのつながりを持っているということ。

なるほど、そう考えれば、しばしば修行のようにつらいものになってしまいがちでもある読書を肯定的に捉えることができるのではないかと思います。

子どもの読書から大人の読書へ

子供はまず、「読みたい」という気持から読書を始めます。ロッテンマイアーさんの指導下で少しも字を覚えなかったハイジが、クララのおばあ様から頂いた一冊の本を読みたさに、そしてそこに、ペーターの盲目のおばあ様のために本を読んであげたい、というもう一つの動機が加わって、どんどん本が読めるようになったように。幼少時に活字に親しむことが、何より大切だと思います。ある程度の読書量に耐える力がついていなかったら、そして、急に身のまわりから消えてしまった本や活字への郷愁がなかったら、私は父が持って来てくれた数冊の本を、あれ程熱心に読むことはなかったし、一年余におよぶ私の疎開生活に、読書の思い出をつけ加えることは出来ませんでした。

『橋をかける　子供時代の読書の思い出』（美智子、文春文庫）にはこう書かれています。同書は１９９８年（平成10年）９月にインドのニューデリーで開催された国際児童図書評議会第26回世界大会（「子供の本を通しての平和」）における上皇后美智子さまの基調講演を収録したもの。

美智子さまの子ども時代は、戦争による疎開生活を挟みながらも比較的平穏なものだったようですが、それでも生活環境の変化はやはり大きく、子どもながらに大きな負担を抱えていたといいます。

そんななか、身近にあった何冊かの本が大きな心の支えになったそう。とくに戦争が始まってからは教科書以外に読むものがほとんどなかったため、たまにお父様が持ってきてくれる本は、冊数が少ないため惜しみ惜しみ読んだものだと当時を振り返っているのです。ここに引用した文章を読んでみても、当時の思いを鮮やかに思い描くことができます。だからこそ、幼少時に活字に親しむことの大切さについての考え方にも共感できるのです。

ただし当然ながら、活字に親しむことは、幼少時に活字に親しんできた人だけに与えられた特権ではありません。もちろん美智子さまがおっしゃるように、幼児期の読書体験は非常に大切です。自分の過去を振り返ってみても、それは実感できます。

とはいえ、幼児期の読書体験がない人にだって、〝いまの読書〟〝未来の読書〟はあります。そこから得られるものも、数多くあります。そういう意味では、読書の道は子どものころから続いているが、どこからでも途中参加できるものだと考えるほうが建設的です。

その道を一本の線だとイメージした場合、幼児期の読書体験がない人のそれは最初の部分が糸のように細いかもしれません。でも、それは当時から脈々と続く線なのですから、大人になってから読書習慣をつけることができたとしたら、細かった線は少しずつ太くなっていくはずです。

その変化を心地よく感じることができたとしたら、読書はより楽しいものになって本を読む時間が増え、いつの日か、幼児期から本を読んできた人の読書量を超える日が訪れるかもしれない。つまり過去も大切だけれど、過去だけで完結するものではなく、読書はこれからも続いていくものなのです。読書を続けていれば、大人になってからでも成長し続けることはきっとできるのです。

本を読むことは、純粋に素敵な行為です。期待感に心を揺さぶられたり、期待していたほどではなかったというオチがついたり、思ってもいなかった感動を得られたり、それが次の読書に対する気持ちを高めてくれたりと、読書を続けていく過程においては、まるでなにかの物語のようにいろいろなことが起こるでしょう。

だから、楽しいのです。楽しいだけでいいのです。知識がついたとか、仕事に役立ったとか、もちろんそういったことも重要です。しかし、それらは結果論。もっと尊重されるべきは、読書は楽しいということ。読書をするうえでは、自分に知識や力がついてきたことを実感できたりもするでしょうが、つまるところその楽しさこそが原動力であり、なによりも大切なことなのだと私は感じます。ですから、いまデスクの横に積み上げられている何冊かの本に目をやっただけでも、心が躍るのがわかります。そして、そんな思いを、少しでも多くの方と共有できたらいいなと強く感じます。

おわりに

本文に書いてきたように、気になる本を見つけたら、あるいは人からすすめられた本に興味を持ったら、なるべく買うように心がけています。ブックオフのような新古書店でも買いますし、興味深い本が見つかることが多い古書店の場合はいわずもがな。図書館で借りた本をどうしても持っておきたくなり、アマゾンなどで探して買うことも少なくありません。

そんなことを続けていると、必然的に蔵書量は増えていくことになります。不要なものは定期的に処分していますが、それでもやはり増えていきます。しかも整理しているわけではなく、漫然と増やしているだけなのですから困りもの。いつかきちんと整えようと思ってはいるものの、なかなか実現できません。だいいち、ただ持っているだけで、読んでいない本だって多いのです。しかしそれでも、気になった本は買わずにいられません。

眠っている本が多いのですから、無駄だといわれればたしかに無駄です。でも今回は、そうした本が活躍してくれました。きっかけは、本書の執筆過程で、できるだけいろいろな本からの引用を盛り込んでみようと思い立ったこと。なんらかのかたちで自分を通り過ぎていった本の力を借りれば、伝えたいことがより鮮明になるのではないかと思ったわけです。

そこであらためて、ただ書棚に並んでいるだけの本や、物置に入れたままになっている本を確認してみました。すると、私の考え方と合致する本が次から次へと見つかったのです。「そういえば、こんな本を読んだよなあ」と懐かしく思えるものだけでなく、「こんな本、いつ買ったんだっけ?」と感じるものまでが、いろいろ役に立ってくれたわけです。ですから、それは無駄なことではなかったとも思いますし、手放したくないと感じる本を持ち続けておくことは決して無駄ではないのだなと、あらためて実感することにもなったのでした。

これほどまでに本に惹かれるのは、純粋に本が好きだからです。人に自慢できるほどの知識を持ち合わせているわけでもなく、理解できない本だってたくさんあり、ましてや稀少本のコレクターでもありませんが、それでも本を前にするとほっとするのです。あるいは、好奇心がわき出てくるのです。「ここには、どんなことが書かれているんだろう」「これを読むと、自分のなかの、なにがどう変わるのだろう」というように。

そういう意味では、本が売れない時代だとか、読書人口が減っただとかいうことは、少なくとも私には関係のないこと。好きなものは好きでしかないからです。ですから今後も、性懲《しょうこ》りもなく本に愛情を持ち続けるだろうと思います。本がこの世からなくなることは、決してないとも信じていますし。だからこそ、できることなら本書を通じ、より多くの方に同じような気持ちを持っていただけるようになればと強く感じます。「本って、いいなあ」と思える方が増えれば、それほどうれしいことはないのですから。

最後になりますが、執筆中にいつも的確なアドバイスをくださった光文社新書の小松現編集長に深く感謝いたします。

2024年夏

印南敦史

目次・章トビラデザイン　板倉　洋

印南敦史（いんなみあつし）

1962年東京都生まれ。作家、書評家。広告代理店勤務時代に音楽ライターとなり、音楽雑誌の編集長を経て独立。ウェブメディア「ライフハッカー・ジャパン」で書評欄を担当するようになって以降、大量の本をすばやく読む方法を発見。年間700冊以上の読書量を誇る。「東洋経済オンライン」「ニューズウィーク日本版」などのサイトでも書評を執筆するほか、「文春オンライン」にもエッセイを寄稿。著書に『遅読家のための読書術』（ダイヤモンド社、のちにPHP文庫）、『書評の仕事』（ワニブックスPLUS新書）など多数。

現代人《げんだいじん》のための　読書入門《どくしょにゅうもん》　本《ほん》を読《よ》むとはどういうことか

2024年10月30日初版1刷発行
2024年12月20日　　2刷発行

著　者 ── 印南敦史
発行者 ── 三宅貴久
装　幀 ── アラン・チャン
印刷所 ── 萩原印刷
製本所 ── ナショナル製本
発行所 ── 株式会社光文社
東京都文京区音羽1-16-6(〒112-8011)
https://www.kobunsha.com/
電　話 ── 編集部03(5395)8289　書籍販売部03(5395)8116
制作部03(5395)8125
メール ── sinsyo@kobunsha.com

ISBN 978-4-334-10444-3

1310

生き延びるために芸術は必要か

森村泰昌

歴史的な名画に扮したセルフポートレイト作品で知られ、「私」の意味を追求してきた美術家モリムラが、「芸術」を手がかりに「生き延びること」について綴ったM式・人生論ノート。

978-4-334-10295-1

1311

組織不正はいつも正しい
ソーシャル・アバランチを防ぐには

中原翔

燃費不正、不正会計、品質不正、軍事転用不正……。組織不正はなぜあとを絶たないのか――。気鋭の経営学者が、組織をめぐる「正しさ」に着目し、最新の研究成果を踏まえて考察する意欲作。

978-4-334-10322-4

1312

経営の力と伴走支援
「対話と傾聴」が組織を変える

角野然生

経営者との「対話と傾聴」を通じ、自立的な企業変革への道筋をつける「伴走支援」の枠組みを、第一人者の実践を基に示す。南山大学教授・中村和彦による、組織開発の視点での解説を収録。

978-4-334-10324-8

1313

英語ヒエラルキー
グローバル人材教育を受けた学生はなぜ不安なのか

佐々木テレサ
福島青史

英語で授業をするEMIプログラム。学部卒業生に日本語や承認の不安を覚える人が出ている。聞き取りを基に内実と問題点を提示。指導教員が多言語話者成長の苦悩と対策を解説。

978-4-334-10325-5

1314

ナショナリズムと政治意識
「右」「左」の思い込みを解く

中井遼

政治的な左右と結びつけられがちなナショナリズムの概念を政治学の知見と国際比較からとらえなおし、日本人の政治意識が世界においてどれだけ普遍的もしくは特殊なものであるか検討する。

978-4-334-10323-1

1315
電車で怒られた！
「社会の縮図」としての鉄道マナー史
田中大介

「バッグが当たってんだよ！」。時に些細なことで殺伐とする電車内。なぜ人は電車でイラついてしまうのか？「車内の空気」の変遷を丹念にたどり、その先にある社会までを見通す一冊。

978-4-334-10351-4

1316
なぜBBCだけが伝えられるのか
民意、戦争、王室からジャニーズまで
小林恭子

大戦による「危機」、政権からの「圧力」、そして王室との「確執」まで——。報道と放送の自由のために、メディアは何と向き合ってきたのか？ 在英ジャーナリストと辿る「BBCの一〇〇年」。

978-4-334-10352-1

1317
「ふつうの暮らし」を美学する
家から考える「日常美学」入門
青田麻未

家の中の日常に「美」はあるか？ 椅子、掃除、料理、地元、ルーティーンを例に、若手美学者が冴えわたる感性で切り込む。「美学」の中でも新しい学問領域、「日常美学」初の入門書。

978-4-334-10353-8

1318
フランス　26の街の物語
池上英洋

フランスの魅力は豊かな個性をもつそれぞれの街にある——。美術史家が、人、芸術、歴史、世界遺産の観点から厳選した26の街を訪ね歩き、この国がもつ重層性と多面性を、新視点で綴る。

978-4-334-10354-5

1319
等身大の定年後
お金・働き方・生きがい
奥田祥子

再雇用、転職、フリーランス、NPO法人などでの社会貢献活動、そして管理職経験者のロールモデルに乏しい女性の定年後に焦点をあて、あるがままの〈等身大〉の定年後を浮き彫りにする。

978-4-334-10375-0

光文社新書

1320
日本の政策はなぜ機能しないのか？
EBPM《エビデンスに基づく政策》の導入と課題
杉谷和哉

データやファクトに基づき政策を作り、適切に評価する。当たり前のことのようで、これが難しい。その背景を公共政策学の知見から分析し、「政策の合理化」を機能させる条件を考える。

978-4-334-10376-7

1321
日本の古代とは何か
最新研究でわかった奈良時代と平安時代の実像
有富純也 編　十川陽一　磐下徹　黒須友里江　手嶋大侑　小塩慶

国家や地方は誰がどう支配していたのか？　藤原氏は権力者だったのか？「唐風文化から国風文化へ」は本当？　受領は本当に悪吏だったのか？…気鋭の研究者らが新たな国家像に迫る。

978-4-334-10377-4

1322
名画の力
宮下規久朗

名画の力とは、現場で作品に向き合ったときこそ発揮されるものなのだ——。伝統の力から現代美術、美術館まで。七つのテーマで美術の魅力をより深く味わう極上の美術史エッセイ。

978-4-334-10378-1

1323
旧統一教会　大江益夫・元広報部長懺悔録
樋田毅

この世に真実を語り残しておきたい——。その生い立ちから六〇年近く過ごした旧統一教会での日々、そして病を患ってからの心境の変化まで、元広報部長による人生をかけた懺悔。

978-4-334-10397-2

1324
定年いたしません！
「ジョブ型」時代の生き方・稼ぎ方
梅森浩一

「終身雇用」崩壊の時代、考えておくべき定年前後のライフプラン。自身が定年を迎えた人事のプロが、現実を前に、ジョブ型転職や給与、65歳からの就活について余すところなく解説！

978-4-334-10398-9

1325
なぜ地方女子は東大を目指さないのか
江森百花　川崎莉音

資格取得を重視し、自己評価が低く、浪人を避ける──。地方と女性という二つの属性がいかに進学における壁となっているのか。現役東大女子学生による緻密な調査・分析と提言。

978-4-334-10399-6

1326
しっぽ学
東島沙弥佳

ヒトはどのようにしてしっぽを失った？　しっぽにどんな思いを馳せてきた？　しっぽを知って、ひとを知る──。文理を越えて研究を続けるしっぽ博士が、魅惑のしっぽワールドにご案内！

978-4-334-10400-9

1327
人生は心の持ち方で変えられる？
〈自己啓発文化〉の深層を解く
真鍋厚

成長と成功を目指す「足し算型」に、頑張ることなく幸福を得ようとする「引き算型」。日本人は自己啓発に何を求めてきたか？「より良い人生を切り拓こうとする思想」の一六〇年を分析する。

978-4-334-10422-1

1328
遊牧民、はじめました。
モンゴル大草原の掟
相馬拓也

１５０㎞にも及ぶ遊牧、マイナス40℃の冬、家畜という懐事情を近所に曝け出しての生活──。モンゴル大草原に生きる遊牧民の暮らしを自ら体験した研究者が赤裸々に綴る遊牧奮闘記！

978-4-334-10423-8

1329
漫画のカリスマ
白土三平、つげ義春、吾妻ひでお、諸星大二郎
長山靖生

個性的な作品を描き続け、今も熱狂的なファンを持つ四人。後続の漫画家（志望者）たちを惹き付け、次世代の表現を形作ってきた。作品と生涯を通し昭和戦後からの精神史を読み解く。

978-4-334-10424-5

光文社新書

1330
ロジカル男飯
樋口直哉

ラーメン・豚丼・ステーキ・唐揚げ・握りずしなど、万人に好まれる料理を、極限までおいしくするレシピを追求！　料理に対する考えを一変させる、クリエイティブなレシピ集。

978-4-334-10425-2

1331
現代人のための読書入門
本を読むとはどういうことか
印南敦史

「本が売れない」「読書人口の減少」といった文言が飛び交う現代社会。だが、いま目を向けるべきは別のところにあるのかもしれない——。人気の書評家が問いなおす「読書の原点」。

978-4-334-10444-3

1332
長寿期リスク
「元気高齢者」の未来
春日キスヨ

人生百年時代というが、長寿期在宅高齢者の生活は実は困難に満ちている。なぜ助けを求めないのか？　今後増える超高齢夫婦二人暮らしの深刻な問題とは？　長年の聞き取りを元に報告。

978-4-334-10445-0

1333
日本の指揮者とオーケストラ
小澤征爾とクラシック音楽地図
本間ひろむ

「指揮者のマジック」はどこから生まれるのか——。明治時代以降の黎明期から新世代の指揮者まで、それぞれの個性が炸裂する、指揮者とオーケストラの歩みと魅力に迫った一冊。

978-4-334-10446-7

1334
世界夜景紀行
丸田あつし
丸々もとお

夜景をめぐる果てしなき世界の旅へ——。世界411都市、602点収録。ヨーロッパから中東、南北アメリカ、アジア、アフリカまで。夜景写真&評論の第一人者が挑んだ珠玉の情景。

978-4-334-10447-4